Gabriele Frydrych
Von Schülern, Eltern und anderen Besserwissern

Zu diesem Buch

Hinter verschlossenen Klassenzimmertüren geht manches ab, was ein Außenstehender nie mitbekommen wird: Kleine Monster, pubertierende Ungeheuer und Lehrer, die sich als »Methodenkasperle« erproben, geben jeden Tag neue Komödien und Tragödien. Fürsorglich-engagierte Eltern und überforderte Schulleiter machen das Chaos perfekt. Nach Jahren aufopferungsvollen Dienstes an vorderster Front kann die Lehrerin Gabriele Frydrych davon aus eigener Erfahrung erzählen. Selbst wem die Schule seit jeher ein Graus war, wird sich bei ihren ebenso witzigen wie scharfsinnigen Glossen köstlich amüsieren.

Gabriele Frydrych arbeitet seit Jahren als Lehrerin an Berliner Gesamtschulen. Die Einblicke, die sie in den verschiedenen Klassen und Kollegien gewann, hielt sie in ironischen Glossen fest – mit überwältigender Resonanz. Nun liegen Frydrychs gesammelte Texte im Piper Verlag vor.

Gabriele Frydrych

Von Schülern, Eltern und anderen Besserwissern

Aberwitz im Schulalltag

Mit 14 Fotos von Claudia Nitzsche

Piper München Zürich

Mehr über unsere Autoren und Bücher:
www.piper.de

Überarbeitete und erweiterte Taschenbuchausgabe
Piper Verlag GmbH, München
September 2010
© Gabriele Frydrych 2006
unter dem Titel »Du hast es gut! Aberwitz im Schulalltag«
Umschlag: semper smile, München
Umschlagabbildung: Jutta Bauer
Autorenfoto: Dagmar Pagel
Fotos im Innenteil: Claudia Nitzsche
Satz: Kösel, Krugzell
Papier: Munken Print von Arctic Paper Munkedals AB, Schweden
Druck und Bindung: CPI – Clausen & Bosse, Leck
Printed in Germany   ISBN 978-3-492-25458-8

Inhalt

Der Ernst des Lebens 7
Montagmorgen 10
Das böswillige Altern der Lehrkörper 13
Segnungen eines Schullautsprechers 16
Julia, dein Schuh ist offen! 19
Stammtischpädagogik 22
Hefeteig und Mandala 25
Vertretungsstunden 31
Am Kopierer 35
Schon wieder ein Buch? 39
Der heimliche Herrscher 44
Meine Lieblingsbeschäftigung 47
»Ich hasse Weiber!« 50
Undercover 53
Elternsprechtag 57
»Ich mach dich Urban!« 61
Teile und herrsche! Hilfreiches für die Hand
    des Schulleiters 64
Privatsache 75
Undankbare Gören 78
Werbung in der Schule 81
Produktive Unruhe 84
Winnetou und Nepomuk 87
Kulturgenuss 90
Mea culpa, mea maxima culpa 93
Engagiert und kritisch 96
Gibt es heut kein Hitzefrei? 102
Von der Macht der Methoden 105

Sparsames Wirtschaften 111
Hiermit kündige ich 115
Lass sie doch einfach mal trommeln 118
»Wir investieren in die Bildung!« 121
Kindergeburtstag nach PISA 125
Fürs Leben lernen 128
Schluss mit der Weiberwirtschaft! 131
Wenn Schüler plaudern 134
Burnout? Selber schuld! 137
Die Brave 140
Leise Schadenfreude 143
Die Made im Speck 146
Schönen Urlaub! 149
»Lehrer raus!« 152
Im Castingfieber 156
Spieglein, Spieglein an der Wand 160
Kaugummikauen macht intelligent! 163
Richtig so! 166
Sport ist Mord 171
Neue Lehrer braucht das Land! 174
Lehrercasting 179
Frauen und Technik 182
Wenn einem der Humor vergeht 185
Masochistische Duldungsstarre 188
Immer nur das Eine 191
Weihnachtslabsal 195
Nie wieder Julklapp! 199
Das Märchen vom Reformschub 202
Frischer Wind 206
»Jawohl, Euer Ehren!« 212
Zurück zur Natur 215
Zeugnisse aus dem Computer 218
Endlich Ferien! 221

Der Ernst des Lebens

Sechs Uhr morgens. Viel zu früh. Mein Biorhythmus weint leise vor sich hin. Er möchte erst in vier Stunden geweckt werden. Der Rundfunkmoderator zerfließt vor Anteilnahme: »Für unsere armen Kiddies beginnt heute der Schulknast wieder. Hey, Leute, bleibt cool! Vergesst euren iPod nicht. Dann könnt ihr auch im Mathe-Unterricht Radio Fuck & Peace hören!«

Mit mir hat niemand Mitleid. Ich übe kurz vor dem Spiegel Giftblick und Zähnefletschen. Fertig ist der Kinderschreck. Aus dem Fernsehen weiß ich, dass es eigentlich nur zwei Sorten Lehrer gibt: weltfremd, vertrottelt und vergammelt oder arrogant, böse und zynisch. Ich habe mich entschieden: lieber Megäre als Depp!

»Na, wieder mal ein bisschen Schule?«, lästert der Zeitungsverkäufer, dessen reizende Kinder ich erziehen und unterrichten darf. »Wann beginnen eigentlich die Herbstferien?«, flötet er mir süffisant hinterher. Zwei andere Kunden begleiten meinen Abgang mit unfreundlichem Gebrabbel. Ich höre noch Fetzen wie: »Beamtenstatus ... widersinnig ... mal ordentlich arbeiten ... PISA-Katastrophe ...«

Auf dem U-Bahnhof vergesse ich im morgendlichen Tran, mich bis zur Ankunft des Zuges hinter einem Pfeiler zu verstecken. Sofort entdeckt mich die Kollegin mit dem Sprechdurchfall und textet mich zwanzig Minuten lang gnadenlos zu. Sie hatte Glück: Ihre Ostasienreise war schon fest gebucht, bevor unseren Dienstherren die begnadete Idee kam, die Lehrer an den letzten Ferientagen in die Schule zu bestellen. Während ich in der Schulbibliothek Staub gewischt und

»Na, Alte, haste uns vermisst?«

Bücherrücken geklebt habe, durfte die Kollegin noch im Bikini Cocktails schlürfen. Die anderen U-Bahn-Passagiere lauschen interessiert ihren lautstarken Ausführungen: Handtaschenraub auf Bali, anhaltender Durchfall während ihrer Trekking-Tour, wunderbar knackige Kellner unter Kokospalmen.

»Ich sag dir: Sooo ein Hintern!« Sie formt mit ihren braun gebrannten Händen einen mittelgroßen Kreis und leckt sich die Lippen. »Und wo warst du?«

»In Masuren.«

Sie sieht mich mitleidig an: »In Polen? Mit dem Auto? Na, du hattest ja schon immer so ein Faible für den Osten.«

Wir müssen aussteigen und vereinen uns mit den Lehrermassen, die zum Betonklotz aus den Siebzigerjahren strömen.

Am Zielort. Der Schulleiter begrüßt kurz seine hundertdreißig Untertanen. Ein pädagogischer Neuzugang ist blond gelockt, deutlich unter vierzig und weiblich. Die junge Frau errötet zart bei ihrer offiziellen Vorstellung, und einige männliche Kollegen werden ganz unruhig auf ihren Stühlen. Der

Altersdurchschnitt im Kollegium wird durch ihre Ankunft dramatisch gesenkt. Dafür sind die Klassenfrequenzen weiter erhöht worden. Aber das macht nichts. Wo dreißig Kinder gut lernen, machen fünf bis sieben mehr auch nichts aus.

»Da ist eben Ihre pädagogische Handlungskompetenz gefragt«, gibt der Schulleiter trocken kund. Die fehlenden Klassenmöbel sind auch kein Problem. Wer kippelt, muss stehen – und so reichen die Plätze spielend für alle Schüler. Sicher schwänzen ein paar Kinder sowieso die ganze Zeit.

Die Kollegen, die jetzt erst aus den Ferien gekommen sind, rennen nach der Dienstbesprechung schnell in die Bücherei. Wer erhascht noch neue Bücher, wer muss sich mit den zerfetzten und verschmierten begnügen? Wer ergattert einen vollständigen Klassensatz, wer nur ein paar Reste? Wer muss das ganze Schuljahr über seine Aufgaben kopieren?

Der Fachbereichsleiter schlendert zufrieden zu seinem abschließbaren Schreibtisch. Keine Ahnung, wie er an den Schlüssel gekommen ist. Alle anderen Schreibtische stehen nämlich offen. Jeder Kollege, der Bleistift, Tesafilm oder Büroklammern braucht, kann mal eben beim Nachbarn suchen. Der Fachbereichsleiter hat in seinem Schreibtisch seit Wochen die Neuerscheinungen gebunkert. Nun kann er erst mal in Ruhe Kaffee trinken und seine Abiturordner in Reih und Glied aufstellen, bevor das Chaos über ihn hereinbricht. »Ach, Schule könnte so schön sein, wenn es keine Schüler gäbe!«, steht in seine tiefen Stirnfalten gegraben.

Und da kommen sie auch schon: Hunderte kleiner Monster, Kaugummi kauend, mit ihrem MP3-Player verstöpselt, in sechs Wochen zehn Zentimeter gewachsen, bereit zu neuen Untaten. Und grinsen fröhlich. Sebastian haut mir auf die Schulter: »Na, Alte, haste uns vermisst?«

Montagmorgen

Irritiert lässt die Lehrerin den Blick schweifen. Es hat längst zum Stundenbeginn geklingelt. Die Schüler und Schülerinnen wandern aber immer noch durch den Raum, kauen an ihren Brötchen, sitzen auf den Tischen, quasseln und kichern. Einige hängen übermüdet und entkräftet in den Stühlen. Zwei andere sind durch die Nabelschnur eines MP3-Players verbunden und zucken rhythmisch mit den Köpfen.

Die Lehrerin formuliert die erste spannende Textaufgabe: »Sechs Hühner brauchen acht Tage, um zwölf Eier auszubrüten. Wie lange brauchen 77 Hühner für 351 Eier?«

Niemand meldet sich. Nur leises Brabbeln antwortet aus den Tischgruppen. Die Lehrerin wartet geduldig. Sie versucht es mit einem ermunternden Lächeln. Sie drängt sanft. Sie wandelt die Aufgabe leicht um: »Zwanzig Schüler brauchen zehn Minuten, um wach zu werden. Wie lange brauchen vierzig Schüler?« Keine Reaktion. Schließlich gibt die Lehrerin die stummen Impulse und didaktischen Schleifen auf und erhebt unpädagogisch die Stimme. Aber nichts frommt.

Es ist Montagmorgen.

Die Schüler müssen ihre Wochenenderlebnisse schildern und die Fußballergebnisse austauschen. Das kennen Sie sicher auch von Ihrem Arbeitsplatz. Da aber viele Schüler ihre pünktliche Ankunft in der Schule haarscharf kalkulieren, bleibt vor dem Unterricht nicht genug Muße zum Erzählen. Wenn die Lehrkraft Glück hat, sind montags um acht Uhr schon fünfzig Prozent der Klasse anwesend. Der »Rest« trudelt im Lauf der nächsten fünfzehn Minuten ein, was die Wutkurve der Lehrer kurzzeitig enorm ansteigen, aber nach der vierten Ermahnung resignativ sinken lässt. Der fünfte Schüler kann sich dann schon in Ruhe hinsetzen und muss nicht mehr Ausreden für seine Verspätung ersinnen: »Mein Hund hatte Durchfall.« – »Die U-Bahn wurde umgeleitet.« – »Es war so starker Gegenwind auf dem Schulweg.«

Irgendwann hat sich die Lehrerin doch durchgesetzt und zumindest Zimmerlautstärke erzwungen – und das Verschwinden aller elektronischen Unterhaltungsmedien und »anspruchsvollen« Zeitschriften. Die entsprechenden Tricks aus der pädagogischen Steinzeit kennt man ja: Androhung von schriftlichem Unterricht (für viele Schüler ist Schreiben eine schmerzliche Strafe), von zusätzlichen Arbeiten und Tests, von Briefen an die Eltern. Und wenn das alles nicht fruchtet, kann noch die »Vorführung« beim Schulleiter in Aussicht gestellt werden.

Aber die Stunde läuft zäh und unergiebig. Die Hausaufgaben vom Donnerstag hat kaum jemand gemacht. Die fünf Schüler, die sie vorweisen können, sind anscheinend morgens im Bus ihren Pflichten nachgekommen. Vollständiges Arbeitsmaterial haben auch nur wenige dabei. Vielen ist es einfach nicht gelungen, noch etwas Schreibpapier und eine Tintenpatrone mit zur Fußballzeitung und zur Cola zu packen.

Montagmorgens scheint der Lehrkraft, als sei die Arbeit der letzten Stunden vergebens gewesen. Die Schüler erinnern sich nur mühsam und unwillig oder auch gar nicht an längst durchgenommenen Stoff. Das liegt natürlich in erster Linie an der schlechten Methodik der deutschen Schulen, wie meine Lieblingsjournalistin aus dem Bildungsressort weiß, aber meine Kollegen erklären es gern damit, dass viele Schüler in der morgendlichen Hektik gar nicht gefrühstückt haben und das bohrende Gefühl im Magen alle Denkanstrengungen behindert.

Sanftes Nachfragen bei einigen grünblassen, gähnenden Jugendlichen ergibt, dass der sonntägliche Fernsehabend bis tief in die Nacht gedauert und das Wochenende mindestens sechs »beschauliche« Videofilme beschert hat. Die Lehrerin erhebt eine kurze Statistik und stellt fest, dass nur ein Mädchen in der Klasse keinen eigenen Fernseher hat. Die anderen Schüler grinsen: Na klar, die Streberin.

»Und, was für Filme habt ihr so gesehen?« Die eben noch lethargischen Jugendlichen wollen plötzlich hochmotiviert die Einzelheiten eines Kettensägen-Thrillers schildern. Die Lehrerin möchte das aber nicht hören. Sie verweist auf ihre gut ausgeprägte Vorstellungskraft und Sensibilität. Außerdem will sie partout Mathematik unterrichten. Selber schuld.

Die Jugendlichen versinken wieder in Apathie oder erzählen die hübschen Details aus dem Thriller halt ihrem Banknachbarn. Der hört sich die blutige Hinrichtungsszene viel lieber an als die Matheformeln.

»Wir sind früher am Wochenende noch mit der ganzen Familie spazieren gegangen. Unsere Eltern haben mit uns Ausflüge gemacht oder etwas gespielt«, sinniert die Lehrerin.

»Sie Arme«, trösten die Schüler sie, »wie langweilig! Damals gab es eben noch keinen Computer und keinen DVD-Player. Was sollten Sie da auch anderes machen?«

Das böswillige Altern
der Lehrkörper

Im Gegensatz zum Rest der Bevölkerung altern Lehrerinnen und Lehrer. Sie tun das vorsätzlich, aus persönlicher Gemeinheit und mit voller Absicht. Da kann die Presse noch so oft deprimierende Schulstatistiken und Altersdurchschnitte zitieren – die Lehrer altern einfach weiter. Wissenschaftler lamentieren über die schulische Erziehung durch die Generation der Groß- und Urgroßeltern. Familienzeitschriften beklagen die unüberwindliche Altershürde zwischen hoffnungsvollem Nachwuchs und verkalkten Paukern – aber die Lehrerschaft hat kein Einsehen. Sie vergreist mit jedem Jahr mehr und denkt nicht im Traum daran, diesen Vorgang einzustellen. Schulbücher gehen schon dazu über, gebrechliche Lehrer am Krückstock darzustellen, um das Wortfeld »uralt« zu üben.

Und das heute, wo doch nur zählt, was jung, knackig und dynamisch ist. Politiker und Pseudoprominente machen es so schön vor: Wenn die Ehefrau in die Nähe der Wechseljahre kommt, wird sie flugs durch ein stromlinienförmiges Ersatzmodell im Teenageralter ausgetauscht. Und alle finden das völlig normal. Wenn ein Mann im Licht der Öffentlichkeit steht, lässt ihn eine Begleiterin mit Falten und Doppelkinn einfach alt aussehen! Aber junge Frauen machen jung!

Im Fernsehen führen flotte Spätkinder durch erfrischende Plapper-, Kletter- und Kreisch-Shows. Nirgends rennt da jemand mit grauem Haar, Bifokalbrille und Zahnersatz rum. Höchstens mit Zahnspange. Nur in den Schulen der Nation werden die armen Kinder den unerfreulichen Alterserscheinungen ihrer Lehrerschaft ausgesetzt. Müssen sich allesamt mit » Mäuschen« anreden lassen, weil der Geschichtslehrer sich die Namen nicht mehr merken kann. Schreiben zweimal in der Woche dieselbe Klassenarbeit, weil die Mathelehrerin ihre Kurse verwechselt.

Unsere lieben Kleinen, die sich nach coolen Sportanimateuren und langbeinigen Deutschmoderatorinnen sehnen, müssen sich bei fossilen Paukern langweilen, die nicht wissen, was » Beat-Box« ist, und die ihren vorsintflutlichen Computer kaum bedienen können. Die den Schülerinnen bei der Akrobatikübung wohlwollend zusehen, anstatt mitzuklettern. Die andächtig von Goethe und Weimar erzählen, als würde das irgendjemanden außer ihnen interessieren. Bei denen die Haare aus den Ohren wachsen, kleine Warzen und Gichtknoten an den Händen blühen und sich steile Sorgenfalten in Stirn und Wangen graben. Mit jedem Tag tiefer.

Denn anstatt froh zu sein, auch im Alter noch sinnvoll beschäftigt zu werden, beklagen die pädagogischen Senioren ihre zunehmende » Belastung«. Die ganze Gesellschaft meditiert darüber, wie man auch in der zweiten Lebenshälfte seine Auslastung und seine Aufgaben findet, nur die Lehrerschaft will sich diesem Trend entziehen. Sie gibt vor, steigender Schüler- und Stundenzahl einfach nicht mehr gewachsen zu sein! Presseorakel munkeln gar von einem hohen Krankenstand unter den betagten Lehrern. Lächerlich. Wo Arbeit doch jung und vital hält!

Da die Lehrer durch ihre kurzsichtige Stellenpolitik seit Jahren die generationsmäßige Durchmischung der Schulen verhindert haben, sollten sie endlich mal dazu angehalten werden, ihrem Alterungsprozess einen Riegel vorzuschieben. Es gibt exzellente Transplantations- und Operationstechniken! Weg mit Tränensäcken, Sorgenfalten und Kummerspeck! Weg mit Stützstrümpfen und Bruchbändern! Melissengeist, Ginseng und Frischzellenkuren für alle Kollegien! Niemand muss heutzutage alt aussehen! Die Lehrer sollten einfach nur bereit sein, sich dem gesellschaftlichen Trend anzupassen. Girlie ist Mode, nicht Omi. Waschbrettbauch zählt, nicht Altersweisheit. Dafür muss man natürlich flexibel sein und etwas guten Willen zeigen. Aber der geht Lehrerinnen und Lehrern eben völlig ab!

Segnungen eines Schullautsprechers

Unsere Anstalt ist groß: Fünfzehnhundert Schülerinnen und Schüler und hundertdreißig Exemplare pädagogischen Inventars – die fünfköpfige Schulleitung und den im Stillen regierenden Hausmeister nicht mitgerechnet. Es gibt in dem Gebäude mindestens zehn Lehrerzimmer. Zwei davon habe ich bis heute nicht entdecken können. Die Suche nach einer Vertretungsgruppe gestaltet sich oft zu einem zeitaufwändigen Parcours durch Hallen, Treppenkerne und Gänge. Manchmal so lang, dass die Schüler bedauerlicherweise schon verschwunden sind, wenn man ihren Klassenraum endlich gefunden hat. Falls der Schulleiter einen Kollegen sprechen will, kann man unmöglich verlangen, dass er mühsam dessen Stundenplan inspiziert und dann einen Boten aussendet. Dazu haben wir glücklicherweise einen Schullautsprecher, der Verlautbarungen der Oberen durchs Gelände trägt – Sporthallen, Kellergrüfte und Freigehege mit eingeschlossen.

Wenn ein Schüler etwas ausgefressen hat, schallt es unheilverkündend durch den Bau: »Der Schüler Kester-Jason aus der 7b sofort zu mir!« Bisweilen werden auch ganze Klassen zum Schulleiter bestellt, was den Rest der Schule zum Grübeln veranlasst, welcher Missetat sich die wohl schuldig gemacht haben. Kollegen, die ihren Vertretungsunterricht wahrnehmen sollen, werden harsch zum Einsatzort geschickt. Zwar gibt es in jedem Lehrerzimmer ein Telefon, aber der Griff zum Lautsprechermikro erspart das lästige Suchen im Verzeichnis. Und falls sich ein Kollege auf der Toilette versteckt halten sollte, erreicht ihn die Ansage mit der Vertretungsbotschaft auch dort.

Schülerinnen, die sich den Schulleiter geneigt halten, dürfen auch mal einer Freundin öffentlich zum Geburtstag gratulieren. Über den Schullautsprecher gibt die Oberstufenleiterin bekannt, welcher Kurs länger auf sie warten muss oder nach Hause gehen kann. Der Leiter des Sportbereichs liest umständlich vor, welche dreißig Kinder sich in zehn Minuten zum Waldlauf versammeln. So etwas könnte er natürlich auch rechtzeitig schriftlich bekannt geben, aber das ist zeitraubend.

So ein Schullautsprecher ist nicht nur praktisch, sondern auch sehr stimmungsvoll. In der Adventszeit trägt der Schulleiter morgens dem Kollegium besinnliche Sprüche vor: »Nutze die Zeit, spare die Kraft, steh fest im Leid, sei tugendhaft!« – »Wer schaffen will, muss fröhlich sein, dann läuft die Arbeit von allein!« – »Der Mensch ist nicht auf der Welt, um glücklich zu sein, sondern um seine Pflicht zu tun!«

Im günstigen Fall kommen diese Ansagen in den Pausen, aber mindestens fünfundachtzig Prozent davon werden in der besten Unterrichtszeit gesendet, was ernsthaftes pädagogisches Bemühen ad absurdum führt. Mit viel Mühe hat man die wilde zehnte Klasse zur Ruhe gebracht und formuliert bedeutungsvoll seinen Arbeitsauftrag, da flötet es aus dem Lautsprecher: »Kollege Balkan-Sprengel, bitte mal in mein Büro.«

Die Oberstufenleiterin ruft den smarten Junglehrer. Die Schüler grinsen und tuscheln. Der Lehrer legt zum Zeichen des Schweigens seinen Finger auf den Mund, die Schüler konzentrieren sich. Zweiter Versuch: »Also, zuerst lest ihr bitte auf Seite …«

Der Lautsprecher unterbricht erneut: »Entschuldigung, die Schüler, die noch Essensmarken für diese Woche kaufen wollen, können das bis zwölf Uhr im Sekretariat erledigen.« Der Lehrer runzelt ärgerlich die Stirn, kommt zwei Sätze weiter, da knackt es wieder im Sender: »Wegen einer Lesung hat die Schülerbücherei heute geschlossen.«

Endlich sind alle Unterrichtsanweisungen formuliert, die

Schüler lesen brav in ihren Büchern, da erhebt sich die Stimme des Schulleiters. Er hat fürs Sportfest eine Cheerleader-Lehrerin und einen Karton Pompons an Land ziehen können und bittet alle Interessierten umgehend zu sich.

Es geht übrigens auch ohne Lautsprecher. Das zeigt sich, wenn Abiturklausuren und Staatsexamen stattfinden. Da klingelt es nicht, und es röhrt auch niemand böse über den Lautsprecher: »Frau Frydrych, sofort zum Schulleiter!«, um mich für einen despektierlichen Zeitungsartikel zur Rede zu stellen.

Julia, dein Schuh ist offen!

Gut, dass ich gelernt habe, erst mal meinen Mund zu halten, wenn mich etwas erstaunt. Aber bevor ich diesen Grad der Erleuchtung erreicht habe, bin ich durch manche Fettnäpfchen marschiert. »Sebastian, dein Hemd guckt aus der Hose«, flüstere ich dem Knaben zu, der an der Tafel grübelt, wie man »interessant« schreibt. Sein Hosenboden hängt in Kniehöhe, unter dem dunklen Pullover zipfelt ein grauweißes Unterhemd hervor. Sebastian sieht mich mitleidig an. Oje, das mit dem Hemd ist kein in morgendlicher Hektik entstandenes Missgeschick, sondern raffiniertes Styling, stundenlang vor dem Spiegel arrangiert.

Wie oft habe ich Schüler und Schülerinnen in meiner Fürsorgepflicht darauf hingewiesen, dass ihre Schnürsenkel offen sind oder ihr eines Hosenbein hochgekrempelt ist und das andere nicht. Es hätte mir doch auffallen müssen, dass die halbe Schule die Schuhe nicht mehr zubindet und im Sport nur noch ein Bein freilegt. Jetzt warte ich immer erst ab, ob irgendwelche obskuren Erscheinungen zur neuen Mode gehören, bevor ich eine dezente Anmerkung loslasse. Die Tinte am Mundwinkel könnte der letzte Schrei sein. Die schief zugeknöpfte Bluse oder die weißen BH-Träger, die unter einem schwarzen Top hervorkriechen, trägt man jetzt bestimmt so.

Ich sitze als Lehrerin an der Quelle. Ich kann in Ruhe die neuesten Trends studieren, bevor sie Megatrends werden. Während mich an einem Montag Brians Pudelmütze im Unterricht noch befremdet, tragen am nächsten Tag schon fünf Jungen solche Skimützen. Vor einiger Zeit waren formlose Stoffhütchen en vogue. Ich weiß noch, wie wir als Kinder immer gekichert haben, wenn der Nachbar so einen Deckel als Sonnenschutz tragen musste. Und nun setzen meine Schüler diese Teile freiwillig auf.

Als die ersten Nasenstecker auftauchten, musste ich schwer gegen den Drang ankämpfen, Mascha aus der achten Klasse zu fragen, ob man mit so einem Ding noch in der Nase bohren kann. Richtig, ich vermochte meinen Drang nicht zu bezähmen, und Mascha erklärte mir nachsichtig, dass man den Nasenstecker im Bedarfsfall einfach rausschraubt. Von Laura, dem ersten schulinternen Piercing-Opfer, ließ ich mir immer wieder schaudernd die silberne Eidechse zeigen, die mitten auf ihrer Zunge saß. Ich kann es bis heute nicht fassen, dass man sich in dieser empfindlichen Körperregion ein Loch bohren lässt.

Mittlerweile ist es ganz normal und fast schon wieder out, dass Schüler Ringe in Augenbrauen und Nasenflügeln tragen. Oder kleine Glöckchen an der Unterlippe, die beim Sprechen leise klingeln. Wo sie sonst noch Metall in den Körper gestanzt haben, möchte ich lieber nicht wissen. Im Computerraum zeigen mir Schüler im Internet manchmal hübsche Bilder, was man seinem Körper noch so antun kann: gespaltene Zungen, angespitzte Zähne, Kugellager unter der Haut, Brand- und Ritzmuster. Body-Modification heißt das, wenn einen der eigene Leib langweilt. Aber da scheinen die meisten der Schülereltern dann doch lieber das Taschengeld zu kürzen.

Stoisch schweige ich, auch wenn ich bisweilen das Gefühl habe, nette Kinder verunstalten sich mit fingerdickem, nuttigem Make-up, mit riesigen Armeestiefeln zum Sommerkleid, mit abgefressenen orangefarbenen Haaren und zerrissenen Hosen im Müllsackformat. Mit seltsamen Haarnetzen, die einen Nackenschutz wie in der Fremdenlegion haben.

Ja, ich weiß, es geht nicht darum, was ich schön finde. Im Gegenteil. Jugendmode soll die Erwachsenen verstören und schockieren, man will sich von den spießigen Alten abgrenzen. Aber müssen die Mädchen deshalb gefügig die Weibchenrolle aus Medien und Werbung übernehmen und halb nackt in der Schule erscheinen, nur mit einem dekorativen BH über den Jeans? Müssen die Schüler an winterlichen Wandertagen schlottern und frieren, nur weil sie unbedingt die Turnschuhe und Designer-T-Shirts vom Sommer weiter tragen wollen?

Ob meine früheren Lehrer auch so tapfer geschluckt haben, als ich das erste Mal in Hosen aufkreuzte? In schwarzen Hüfthosen mit riesigem rotem Stretchgürtel! Damals für Mädchen etwas ungewöhnlich. Wir trugen in der Regel Dior-Röcke mit Gehschlitz. Und was hat die distinguierte Deutsch-Oberstudienrätin gedacht, als ich in meiner Schockfarbenbluse »Die Kraniche des Ibikus« aufsagte? In Lila, Orange, Quietschgelb und Giftgrün gekleidet, mit weiß geschminkten Lippen?

Übrigens sind meine Schüler längst nicht so tolerant wie ich. Wenn ich meine flotten Cowboystiefel mit den Fransen und Perlen anziehe, grinsen sie oder ziehen angeekelte Gesichter. Trage ich meine flauschigen Leopardenleggins, fragen sie mich, ob ich dafür etwa Geld bezahlt hätte. Sie nennen mich »Tiger-Lili«, weil von meinen T-Shirts große Raubkatzen herunterknurren. Wahrscheinlich wollen die lieben Kleinen, dass ich im grauen Jersey-Kostüm durch die Schule schreite – aber nicht mit mir. Ich setze meine eigenen Trends!

Stammtischpädagogik

Seit dem großen PISA-Schock (Schock = Zustand heftiger Verwirrung und innerer Unruhe, in dem man Unzusammenhängendes stammelt und nicht ganz bei sich ist) haben alle Zeitungen Sonderseiten über das deutsche Schulelend. Hier darf sich jeder auslassen: Journalisten, die ihre Traumatisierung durch das Lesen mit verteilten Rollen im Deutschunterricht beklagen. Schüler, die darüber schimpfen, dass kleinkarierte Unterrichtsbeamte zu eng am Lehrplan kleben. Bildungspolitiker, die sich empören, dass Lehrpläne nicht eingehalten werden. Eltern, die lasche Kuschelpädagogen kritisieren, weil sie den IQ der Sprösslinge nicht schnurstracks in die Sphären der Hochbegabung treiben. Andere Eltern möchten ihren Nachwuchs vor fordernden Hardlinern behüten, die schon in der vierten Klasse mit den Zahlen von eins bis zehn arbeiten. Gescheiterte Ex-Pädagogen outen in schnell gestrickten Bekenntnisbüchern ihre Kollegen als labile, mittelmäßige Versager mit Lebensangst.

Saturierte Schulbeamte entwickeln gute Ideen, wie man preiswert Schule reformieren kann: Das Referendariat wird verlängert, aber dafür nur noch halb bezahlt. Außerdem wird die Unterrichtsverpflichtung der Berufsanfänger einfach vervierfacht. Junge ideenreiche Lehrer werden die Schulen retten. Und unter solchen Bedingungen ihre Aufgabe voller Elan anpacken. Warum nicht? Lehrbeauftragte an den Unis arbeiten ja auch oft ohne Entlohnung. Man muss nur wollen!

Dasselbe gilt für die Erzieherinnen, die endlich etwas mehr leisten müssen, als nur Kleinkinder an- und auszuziehen. Sie sollen gefälligst mit ihnen Deutsch als Zweitsprache lernen und kleine naturwissenschaftliche Experimente durchführen. Damit ihnen das gelingt, wird die Gruppengröße erhöht: zum Beispiel von sechzehn auf einunddreißig Kinder. Zwar bedauern Zeitschriftenreportagen hormonbehandelte Eltern, die sich mit ihren Mehrlingsgeburten abquälen und es kaum bewältigen, sie zu füttern und zu topfen. Aber eine hoch dotierte Erzieherin müsste es spielend schaffen, viermal so viele Kinder zu versorgen und zu bilden!

Warum sind eigentlich alle so von PISA schockiert? Ist das Schuldrama nicht schon lange bekannt? Wir wissen doch seit Jahren aus der Presse, wie der bundesdeutsche Schüler Tag für Tag aufgeschlossen und hoch motiviert die Schule betritt. Frei von Unlust, Aggressionen, häuslichen Querelen, seelischen Nöten und schulfernen Prägungen. Er lechzt geradezu nach Bildung. Er möchte die Welt entdecken, mindestens zwei Fremdsprachen lernen und ganz viel wissen. Genau wie seine Eltern, die sich allabendlich wonnevoll fortbilden. Vor dem Abendessen mal eben eine Sonatine geigen, einen Bildungsroman goutieren, ein Aquarell malen und im Kreis der Lieben eine wertvolle Tiersendung oder ein Kulturmagazin ansehen – falls sie nicht lieber miteinander ein brennendes gesellschaftspolitisches Thema ausdiskutieren.

Der so positiv eingestellte Jugendliche stößt nun jeden Schultag auf spinnwebverhangene Altlehrer, die ihn ödem Frontalunterricht unterwerfen, stundenlang monologisieren und ihre veralteten Weisheiten mit Kreide an die Tafel malen. Das dürfen die Schüler dann sauber abschreiben und auswendig lernen.

Ja, so ist Schule. Wenn man es den Journalisten glaubt. Aber die recherchieren in der Regel gründlich und würden niemals freudig erregt irgendwelche Vorurteile aus Bismarcks Zeiten präsentieren. Zum Glück finden sie aber auch einzelne Schulen, die man der Nation als Vorbild präsentieren kann. Dort werden muntere und lebendige Kinder nicht von pädagogischen Trauerklößen ausgebremst und zu Tode gelangweilt. Natürlich gibt es dort keinerlei Frontalunterricht. Frontalunterricht ist schließlich das wesentliche Merkmal einer schlechten Schule. Projektunterricht aber ist gut. Immer. Dort arbeiten Schüler gern zusammen, schlagen fasziniert in Büchern nach, basteln Plakate und erklären sich gegenseitig konzentriert ihre Arbeitsergebnisse. Der Klassenbeste darf die Ergebnisse überprüfen und sichern. Alle machen mit, keiner guckt gelangweilt aus dem Fenster.

Begeistert berichten die Journalisten von den wunderbaren Projektthemen in den Vorzeigeschulen: Wir bauen einen Lehmofen und kochen altrömisch. Wir rühren ägyptische Naturkosmetik an. Wir lernen ein halbes Jahr lang alles rund ums Wasser, schreiben kreative Wassergedichte, lesen den »Schimmelreiter« (der irgendwo am Wasser sein Unwesen treibt), kochen, filtrieren und mikroskopieren das köstliche Nass, komponieren Wassermusik und wandern rund um den Dödelsee.

In der übrigen Zeit sitzen die Kinder am Computer. Das neue Allheilmittel gegen sämtliche Bildungs- und Erziehungsprobleme. Mühelos saugen sie Wissen aus dem Internet, wissen es zu sortieren, zu sichten und zu präsentieren. Sie mindmappen, clustern und brainstormen um die Wette. Sie beamen, booten und chatten.

Der journalistische Gast ist hingerissen. So muss Schule sein. Sie muss rund um die Uhr Spaß machen. Wissen soll sich mühelos erwerben lassen. Der Lehrer hält sich bescheiden im Hintergrund. Was kann er den Schülern heutzutage schon mehr als ein Moderator sein? Er soll sich gefälligst fortbilden (»Wie fessele ich 33 Kinder gleichzeitig?«) und nicht immer nur über dieses Märchen nachsinnen, das da heißt: »Des Kaisers neue Kleider«.

Hefeteig und Mandala

Fortbilden? Wozu das denn? Ich habe doch ein solides Referendariat in einem südlichen Bundesland durchlitten, pardon, absolviert! Eine solch gestrenge Zucht reicht für fünfzig Dienstjahre. Deswegen brauche ich auch keine pädagogischen Fachzeitschriften und Kongresse. Meine alten Arbeitsblätter, die sich vor zwanzig Jahren bewährt haben, benutze ich natürlich heute noch. In Deutsch lese ich »Effi Briest« und den »Zerbrochenen Krug«, egal, was für Schüler erwartungsvoll vor mir sitzen. Ab und zu klaue ich einem jüngeren Kollegen einen Übungsbogen zur Rechtschreibung, da sind immer so hübsche Bilder zum Ausmalen und Ausschneiden drauf.

Leider erwischt mich der Schulleiter eines Tages nach Dienstschluss, als ich gegen elf Uhr ins Strandbad fahren will. Er fuchtelt vorwurfsvoll mit einer Zeitung rum. Darin steht, das deutsche Schulsystem kranke vor allem daran, dass sich verkalkte Lehrkräfte nicht fortbilden wollen. Bisher haben mich Fortbildungskurse wirklich nur peripher interessiert. Ich dachte, sie seien für frustrierte Hausmänner, Studienversager oder Quereinsteiger. Aber doch nicht für mich, die Perle der Gattung »Lehrer«. Ich weiß schließlich alles (besser).

Mein Schulleiter sagt: »Nächstes Wochenende findet das Seminar ›Methodenvielfalt und Sozialkompetenz‹ statt. Die Schulrätin wünscht ausdrücklich, dass ein Vertreter unserer Anstalt daran teilnimmt.«

Ich empfehle freundlich den Kollegen Wutzler und die Kollegin Külpmann. Aus sicherer Quelle weiß ich, dass sie an diesem Wochenende in ein sächsisches Romantikhotel fahren. Allerdings ohne ihren jeweiligen Ehepartner. Doch der Schulleiter knurrt nur: »Es wird Zeit, dass Sie sich mal freiwillig zu einer Fortbildung melden!« und schwenkt bedeutungsvoll die Ergebnisse meiner letzten Deutschklausur. Schweren Herzens verzichte ich auf den geplanten Opernbesuch, die Weinverkostung und den Segeltörn und mache mich auf den Weg zur Heimvolkshochschule Unterdüren.

Am Vollwertbüfett stoße ich auf Heerscharen knabbernder Kolleginnen und Kollegen. Der eiserne Wille zur Innovation funkelt in ihren Augen. Unser Kursleiter – »Ich bin der Jochen« – empfängt uns mit Frohsinn und Namensschildern, die wir uns anstecken müssen. Er lässt uns Paarformationen bilden. Da ich nicht gleich lossprinte, muss ich mich mit einem faden Werner, Oberstudienrat aus Wanne-Eickel, paaren. Der knackige Referendar mit dem Pferdeschwanz, der mir eher zugesagt hätte, geht derweil hilflos in einem Haufen verklärt blickender Lehrerinnen unter, bevor ihn Kursleiter Jochen einer mütterlichen Montessori-Pädagogin zuführen kann.

Die Partner sollen sich zum Kennenlernen zehn Minuten lang in die Augen sehen und danach einander den Rücken warm trommeln. Zögernd schlage ich auf Werners Fettpolster ein, während er in sein Trommeln all die Frustrationen legt, die sich bei ihm nach den vielen feindseligen Publikationen über Lehrer angestaut haben. Ich beiße die Zähne zusammen und versuche, aufkommende Rachegedanken zu verdrängen. Meine Freunde segeln gerade auf dem Berliner Wannsee.

Ich hingegen muss in einem Stuhlkreis Platz nehmen, die Hände auf den Bauch legen und in mich hineinhören. Außer dem Grummeln durch die ungewohnten Vollkornbrötchen und Rohkostwürfel höre ich nichts. Die anderen Teilnehmer hören jedoch ganz viel und tragen es bedeutsam vor: ihre momentane Befindlichkeit und ihre Erwartungen an den Kurs. »Genau das erhoffe ich mir auch!«, schließe ich mich schnell den Worten meiner Vorrednerin an, die sich mehr Selbstkompetenz und Teamfähigkeit wünscht.

Nun sollen wir aufsagen, wie wir heißen, und bei unserem Namen eine typische Handbewegung machen. »Ich bin die Waltraut!«, verkündet ein quergestreiftes Schwergewicht und führt mit den Armen einen großen Kreis aus. Nun müssen wir alle wiederholen: »Ich bin die Waltraut« und mit den Armen einen großen Kreis formen. Ich sehe mich verstohlen um, ob bei den anderen auch ein mokantes Lächeln aufblitzt, aber alle machen eifrig mit. Ich sage meinen Namen und tippe mir – destruktiv wie immer – mit dem Finger an die Stirn. Der Kursleiter mustert mich etwas traurig: »Das ist ein ganz wunderbares Kennenlernspiel für die Sekundarstufe! Man muss sich natürlich darauf einlassen.«

Es gibt mir einen großen Ball, den wir uns mit der Frage »Was sind meine Stärken und Schwächen?« zuwerfen sollen. Ich versuche, den knackigen Referendar mit dem Pferdeschwanz abzuschießen. Leider schnappt sich seine Nachbarin den Ball. Für deren Innenleben interessiere ich mich nicht sonderlich. »Ich bin die Jutta aus Darmstadt. Ich kann gut organisieren, bin offen und kontaktfreudig und kann mit Kritik umgehen. Meine Schwächen? Also, ich habe bestimmt auch Schwächen, aber die fallen mir jetzt gerade nicht so ein. Äh, ich bin vielleicht manchmal etwas zu emotional und spontan?« Dann wirft sie den Ball versehentlich durch die Scheibe, wodurch das vielversprechende Spiel zu einem abrupten Ende kommt.

Nach dem Einsammeln der Scherben müssen wir mit einem roten Kissen reden. Das hat »Ich bin der Jochen« in der Gestalttherapie gelernt. Das Kissen ist der Schulleiter, dem wir mal ordentlich die Meinung sagen sollen. Jutta aus Darmstadt schlägt mit beiden Armen auf das Kissen ein und beschwert sich schluchzend über die vielen Schikanen und Vertretungsstunden, während Werner aus Wanne-Eickel das Kissen im Arm hält und ratlos streichelt. Ich habe noch nie mit einem Kissen gesprochen und erkläre, dass ich mit meinem Schulleiter keine Probleme hätte. Das ist natürlich gelogen. Daraufhin soll ich das Kissen loben. Ich weigere mich. Der Kursleiter weist darauf hin, dass er die Fortbildungsbescheinigungen nur vergibt, wenn sich alle engagiert einbringen. Also gehe ich zu dem roten Kissen und murmele: »Ist schon okay, wie Sie das alles hinkriegen. Ich möchte kein Schulleiter sein. Schönen Dank, dass ich zu der Fortbildung fahren durfte.«

Nach einem gesunden Essen – Kohlrabischnitzel an Karottenkegeln – geht es weiter. Jeder bekommt einen Gruppenarbeitsauftrag und muss seine Teamer dazu selber aufspüren. Ich wandere durch den Saal und suche mindestens zwei Kollegen, die an einer Katzenallergie leiden und Vegetarier sind. Mit denen soll ich ein Cluster zum Thema »Der pädagogische Visionär« herstellen. Dazu schreiben wir wichtige Begriffe auf Packpapierbogen. Anschließend verbinden wir alle Begriffe mit Pfeilen und bekleben mit unseren Plakaten die Wände.

Unsere Nachbargruppe bastelt Mobiles. Die Begriffe, die daran hängen werden, müssen äußerst sensibel ins Gleichgewicht gebracht werden: Motivationsschub, Entgrenzung, Selbstausbeutung, Kreideallergie und Schulphobie.

Werner aus Wanne-Eickel fertigt mit seinem Team kleine Kartons an, in die wir später unsere Sorgen und Nöte in Zettelform werfen können. Das setze selbstheilende Kräfte frei, sagt der Jochen.

Die Gruppe mit der spontanen Jutta übt sich im »stillen Dialog«. Keiner darf reden, dafür schreiben sie um die Wette tiefgründige Gedanken ans Flipchart. Das Thema bleibt etwas unklar.

Der Kursleiter zeichnet alle Aktivitäten mit seiner Videokamera auf und gibt zwischendurch stumme Impulse. Bei den Mobiles nickt er zustimmend, dem eifrigen Werner legt er anerkennend die Hand auf die Schulter, bei meiner Gruppe zieht er die Augenbrauen leicht hoch, als er meine Stichwörter »Methodenschwachsinn« und »Pillepalle« entdeckt.

Anschließend stellen wir unsere Ergebnisse vor. Eine Gruppe hat ein schönes Standbild aus ineinander verknoteten Personen gebildet. Leider kommt keiner darauf, dass dieses Monument die Zerrissenheit des modernen Pädagogen darstellt. Wir tippen eher auf Schulhofprügelei oder Computerverkauf bei Aldi.

»Was macht das jetzt mit euch?«, fragt der Kursleiter das Standbild.

»Ich weiß nicht so genau«, meint die Gruppensprecherin, »ich muss das erst mal sacken lassen. Wahrscheinlich frustriert es mich schon irgendwie.«

Die quergestreifte Waltraut teilt mit, dass sie von unserer Ignoranz jetzt sehr betroffen sei.

»Machen wir schnell ein Blitzlicht. Jeder von euch erzählt, wie er sich gerade fühlt«, ordnet der Jochen an.

Ich möchte meine schwarzen Gedanken nicht enthüllen und verdrücke mich nach draußen in die Raucherschmuddelecke. Dort treffe ich auf den Pferdeschwanzreferendar, der seiner Arbeitsgruppe schon vor einer Stunde entflohen ist. Sie sollten produktorientiert arbeiten und einen pädagogischen Hefezopf backen. Dabei stehe jede Zutat sinnbildlich für eine Grundvoraussetzung erfolgreichen erzieherischen Handelns, klärt mich der junge Mann grinsend auf. Die Rosinen zum Beispiel verkörpern die kreativen Momente im Schulalltag. Der Referendar hat sich eine Handvoll geklaut und gibt mir ein paar ab. Wir beide wissen zu dem Zeitpunkt noch nicht, dass zum Seminarausklang alle Teilnehmer ein Stück vom Hefeteig mitnehmen müssen. Den kann man durch Anreichern von Eiern und Milch noch jahrelang am Leben halten und als Symbol gemeinsamen Strebens und Wirkens an reformresistente Kollegen und Kolleginnen weiterreichen.

Der Jochen gibt mir mein Teilnahmezertifikat nur widerstrebend. »Du musst noch viel an deiner Selbstkompetenz arbeiten. Wie willst du die Kinder gewinnen, wenn du so viel Ironie und Abwehr in dir trägst? Ich könnte dir eine gute Atemtherapie empfehlen, damit du zu deinen inneren Widerständen vordringst.«

Ich freue mich über sein Sendungsbewusstsein. Er gibt mir viele schöne Prospekte mit. Zum Beispiel Reinkarnationstherapie auf Kuba. Vielleicht könnten wir das als Kollegiumsfortbildung machen. Der Schulleiter wird über diesen Vorschlag begeistert sein! Und erst über den pädagogischen Hefeteig und das schöne Gruppenmandala.

Von mir aus kann die nächste PISA-Studie kommen!

Vertretungsstunden

Jeden Morgen der suchende Blick auf den Vertretungsplan und das glückliche Leuchten in den Augen, wenn der eigene Name dort auftaucht: Die Schulleitung hat Vertrauen in meine pädagogische Arbeit. Und ich muss mich nicht wieder in einer meiner vielen Springstunden zu Tode langweilen. In fünf Minuten darf ich Geschichte in einer neunten Klasse übernehmen! Normaler Unterricht ist nicht der Rede wert, aber eine fremde Klasse innerhalb kürzester Zeit für sich zu gewinnen, das stellt echte Ansprüche an das pädagogische Geschick. Ich beneide die jungen Kollegen, die als »Lehrer-feuerwehr« ausschließlich Vertretungsunterricht im Bezirk übernehmen dürfen!

Ich suche das Klassenbuch des kranken Kollegen, damit ich die Namen der Schüler parat habe, und erfahre, was er im Unterricht bisher durchgenommen hat. Trotz hartnäckiger Bemühungen finde ich das Buch weder in seinem Fach noch auf seinem Schreibtisch. Auch nicht im Altpapier-Container. Ich ergreife im Davoneilen einen Stapel Deutscharbeitsblätter, denn leider bin ich keine Geschichtslehrerin und kann die feinsinnige Bismarcksche Bündnispolitik, die im neunten Jahrgang wohl gerade Thema ist, nicht spontan abrufen.

Im Flur jagen sich diverse Schülerinnen und Schüler, aber niemand will sich als Mitglied der Unterrichtsgruppe outen, die ich suche. Im Raum toben Hunderte von pubertierenden Ungeheuern und lassen sich in keiner Weise von meiner Anwesenheit stören. Dem fliegenden Schwamm kann ich elegant ausweichen, aber das Stück Kreide trifft mich an der Denkerstirn. Natürlich lässt sich kein Werfer feststellen. Zögerlich begeben sich die Schüler nach acht Aufforderungen (Bandbreite: freundlich-beherrscht, sachlich-bemüht bis offen drohend) auf ihre Plätze und gönnen mir einen kurzen Blick (Bandbreite: skeptisch bis verächtlich). Dann vertiefen sie sich wieder in die Fußballzeitung, ins Musikhören oder in den Streit mit der Nachbarin.

Als ich so viel Ruhe erreicht habe, dass ich von meinen Plänen erzählen kann (große Empörung: »Wir haben jetzt aber kein Deutsch! Wir haben Geschichte!«), kommen die restlichen Schüler lautstark und in Abständen von jeweils zwei Minuten in den Raum. Unter Aufbietung aller stimmlichen Kräfte stelle ich die Anwesenheit fest und zeichne einen Sitzplan. Wobei die lieben Kleinen es unheimlich lustig finden, ihre Namen zu vertauschen oder mir ihre Pseudonyme anzuvertrauen (Rambo, Zorro, Schneewittchen). Ich weise auf meine ausgezeichneten Kontakte zur Schulleitung hin und kann nun endlich mit meiner Satzteilbestimmung beginnen.

Die sechs Klassenbraven füllen das Blatt in rührender Konzentration aus. Sechs weitere Schüler malen Totenköpfe, Galgen und Kettensägen darauf. Einer übt seinen Namenszug, damit er ihn vielleicht auf die weiße Wand vorm Musikbereich sprühen kann. Zwei Schülerinnen verstricken mich in eine erbitterte Diskussion über den generellen Sinn von Grammatik. Das Thema interessiert sie nicht die Bohne, erspart ihnen aber vorübergehend lästige Arbeit. Nach jedem halben Argument muss ich eine Mahnung gegen den Rest der Klasse aussprechen, der am Fenster rumturnt, mit Apfelresten wirft oder Papierflugzeuge (aus meinem Arbeitsblatt gefertigt) durch den Raum flattern lässt.

»Können wir nicht rausgehen?« – »Sonst dürfen wir uns in den Vertretungsstunden immer selbst beschäftigen!« – »Warum kommt Herr Bader-Schneider heute nicht?« Stoisch beantworte ich diese und ähnliche existenzielle Fragen, erkläre äußerst unfreundlichen Schülern noch viermal, wie ich heiße, obwohl es an der Tafel steht, und lasse mich zu Ver-

»Die Vertretungsstunde in deiner Klasse war wieder mal ätzend!«

»Verstehe ich nicht, bei mir sind sie nie so!«

sprechungen der Art hinreißen, dass wir am Stundenschluss noch etwas Lustiges spielen, wenn alle gut mitarbeiten.

Nach zwanzig Minuten betritt ein Mädchen mit einer Ratte auf der Schulter die Klasse, geht hoheitsvoll an mir vorbei und lässt sich in der letzten Reihe auf einen Stuhl fallen. Ihren Namen oder den Grund ihres Zuspätkommens möchte sie mir nicht verraten. Sie denkt auch nicht im Traum daran, ihr Frühstück oder die Ratte wegzupacken. Als ihr mein Insistieren lästig wird, geht sie einfach wieder raus. »Das war Jennifer, die ist immer so drauf«, versichern mir die Mitschüler fröhlich und sind gespannt, was ich jetzt wohl tun werde. Ich erzähle es hinterher dem Klassenlehrer, und der meint mitleidig: »Komisch, bei mir benimmt sie sich nie so. Vielleicht war ihr dein Thema einfach zu langweilig?«

Zum Stundenschluss möchte ich die Lösung der Aufgaben besprechen. Mittlerweile steht mir der Schweiß auf der Stirn. Leise Mordgelüste gegen einzelne Schüler beginnen Gestalt anzunehmen. Der große Dicke, den ich nach etlichen Vorankündigungen zum Schulleiter geschickt habe, kommt höhnisch zurück. Angeblich war in sämtlichen Leitungsbüros niemand anzutreffen. Dafür hat er auf dem Rückweg in der Cafeteria ein »Happy-Brötchen« erworben (einen Schokokuss, in eine trockene Schrippe gedrückt). Also war sein Gang nicht ganz vergebens.

Als es klingelt, werfen die Zöglinge ihre mehr oder weniger ausgefüllten Blätter demonstrativ in den Papierkorb. Und mir fällt der frühpensionierte Kollege ein, der in Vertretungsstunden immer kleine Preise aussetzte, damit der Unterricht erträglich über die Bühne ging: Süßigkeiten, Schreibwaren, CDs.

In der Pause eile ich noch schnell zum Vertretungsplan, um nachzusehen, wann mir das Glück wieder hold ist. Leider nicht mehr in dieser Woche. So ein Mist. Ich überlege ernsthaft, ob ich mich nicht für die »Lehrerfeuerwehr« zur Verfügung stellen sollte.

Am Kopierer

Hier entscheiden sich Schicksale, zerbrechen Freundschaften, werden zarte Bande geknüpft. Hier entscheidet sich, wie der Tag, die Woche, das Leben verläuft. Nein, nicht das Schulleiterbüro ist gemeint. Auch nicht das heimliche Raucherzimmer im Keller. Wo treffen sich Lehrer am frühen Morgen, unausgeschlafen und hektisch? Am Kopiergerät.

Die Maschine ächzt und rumpelt, spuckt mühsam Blatt um Blatt aus und klingt nach baldigem Verenden. Wir alle denken dasselbe: Wozu bin ich dreißig Minuten früher aufgestanden? Werde ich rechtzeitig rankommen? Wird es dann noch genug Papier geben? Hält das Gerät bis dahin durch? Was mache ich ohne meine Kopien in der Doppelstunde Deutsch?

Der neue Referendar will unbedingt Folien kopieren. Die Warteschlange stöhnt gequält auf. Meist ist der Kopierer nach solchen Versuchen tagelang defekt. Es sei denn, jemand kann ihn durch gezielte Tritte wieder in Gang bringen. Der Referendar zieht die Fetzen der ersten Folie aus dem Gerät. Er wird es doch nicht noch mal versuchen wollen? Die Schlange hinter ihm zischt und faucht. Sehr gut, er gibt auf und verdrückt sich. Schließlich kann er auch bunte Kreide einsetzen. Oder am Abend vorher ins Copy-Center gehen. Das haben wir schließlich früher auch so gemacht. Niemand hätte erst kurz vor der Lehrprobe seine Entwürfe und Materialien kopiert, während der Seminarleiter schon ungeduldig vorm Sekretariat auf und ab marschiert. Aber die jungen Menschen heute sind nervenstärker. Sie wissen, dass in naher Zukunft unzählige Stellen auf sie warten.

Gleich beginnt meine Deutschstunde ... Das Papier ist alle!

Jeden Morgen bekommt das Kollegium vier Pakete zugeteilt, danach ist Schluss. Glücklicherweise habe ich – wie viele meiner Kollegen – in satten Zeiten Papier gebunkert und trage immer hundert Blatt in einer Mappe mit mir rum. Aber nicht heute. Verdammt! Ich gehe durchs Lehrerzimmer und spähe in die Fächer. Naive Kollegen lagern ihre Vorräte gut sichtbar. Manche verstecken ihr Papier unter Prospekten und Rahmenplänen, aber ein scharfes Auge findet es trotzdem.

An der Nachbarschule hat jeder Lehrer im Monat ganze fünfunddreißig Kopien frei, alles andere muss er privat löhnen. Wenn man allerdings der Sekretärin unauffällig über die Schulter sieht, kann man den Zugangscode der Schulleitung herausfinden und weiter kostenneutral kopieren.

Und was alles kopiert wird! Der Musiklehrer stellt fünfhundert Blatt Notenpapier her. Die Biologielehrerin kopiert einen Test mit drei Fragen und zwanzig Hilfslinien. Der Mathelehrer hat seine Vorlage falsch eingelegt und produziert gerade leeres Papier. Die Englischfachleiterin lichtet Shakespeares gesammelte Werke im Klassensatz ab.

Dienstag in der achten Stunde: Das Kopiergerät steht einsam und verlassen da. Es gibt sogar noch Papier. Ich überlege, was ich schnell mal kopieren könnte. Schließlich finde ich einen Aufsatz über Pantomime im Geschichtsunterricht. Aber ach, der Kollege vor mir wollte den Toner wechseln. Alles ist voll schwarzen Feinstaubs. Der Fußboden, der Kopierer, Tische und Stühle ringsum. Der anonyme Bastler hat sich dezent entfernt. Solche Saboteure verursachen auch gern Papierstaus, reißen gewaltsam sämtliche Klappen auf, auch dort, wo gar keine sind, zerren an Plastikteilen herum, bis endlich irgendetwas abbricht, und machen sich schnell aus dem Staub. Im günstigsten Fall sagen sie im Sekretariat Bescheid, dass ein Monteur kommen muss, aber »Fahrerflucht« ist nicht nur im Straßenverkehr beliebt geworden.

Ich sehe in der Eingangshalle eine unserer Ein-Euro-Kräfte mit Büchern und Ordnern kommen. Bestimmt hat die Schul-

Am Kopierer können sich Schicksale entscheiden.

leitung tonnenweise Kopien in Auftrag gegeben. Ich beschleunige rasant meinen Schritt und gewinne das Wettrennen. Ich will ein Arbeitsblatt für Grammatik kopieren. Mit witzigen Sätzen und ein paar Comics.

Die wartende Fachbereichsleiterin greift blitzschnell an mir vorbei: »Ach, das ist ja originell. Kann ich davon eins haben? Sie können mir gern immer mal eins von Ihren Blättern ins Fach legen!« Missvergnügt stimme ich zu. Sie entscheidet schließlich, wer welche Kurse und Schüler bekommt. Missvergnügt lasse ich den nervös trippelnden Kollegen vor. Er kommt angeblich gerade aus dem Unterricht und braucht die Kopien ganz, ganz dringend für die wartenden Schüler. Fünf Minuten später sehe ich ihn im Lehrerzimmer Kaffee trinken und über Grundstücke in der Toskana dozieren. Na warte, Freundchen, wir sehen uns am Kopierer wieder!

Wie hat man bloß früher Unterricht gemacht? Etwa mit Tafeln und Büchern? Ich kann mich an antiquierte Abzugsgeräte erinnern. Ein Tippfehler auf der Matrize – und ein aufwändiger Korrekturprozess mit seltsamen Flüssigkeiten begann. Die frischen Arbeitsblätter rochen nach Lösungsmitteln und machten aus meinen Schülern selige Schnüffler. Beim dritten abgenudelten Klassensatz konnte man die Texte kaum noch entziffern, was manche Kollegen aber nicht davon abhält, die alten Blätter heute noch als Kopiervorlagen zu verwenden.

Als es den Gesamtschulen noch gut ging, gab es echte Drucker. Ich meine Männer (seltener Frauen) mit dreckigen Händen und ebensolchen Witzen. Man musste sich allerdings gut mit ihnen stellen, wenn man ein Arbeitsblatt schon zum nächsten Schultag produziert haben wollte. Bei ungefälligen Kollegen konnte sich so ein Vorgang ganz schön hinauszögern. Die Drucker sind längst »wegrationalisiert«, genauso wie Werkstattmeister, Medienwarte und Laborantinnen. Schade, der Kopierer erzählt keine Witze …

Schon wieder ein Buch?

Es soll Menschen geben, die gerne lesen. Und es überall tun: in der U-Bahn, im Bett, sogar auf dem Klo. Ständig greifen sie nach Druckerzeugnissen: in der Tankstelle, in der Drogerie, im Fachhandel. Sie verzichten aufs Fernsehen. Sie lauschen allenfalls den Literaturpäpsten und -päpstinnen und schleppen die empfohlene Lektüre heim. Sie frequentieren Buchmessen, um neue Staubfänger zu jagen. Vom wahren Leben haben sie keine Ahnung. »Big Brother« kennen sie nur aus einem verschrobenen Buch namens »1984«. Dieter Bohlen und sein »literarischer« Hühnerhof ekeln sie an. Dafür schätzen sie Camus und andere sibirische Schriftsteller. (Da mich ein bemühter Leser darauf hingewiesen hat, dass Camus gar nicht aus Sibirien stammt, weise ich hier ausdrücklich noch einmal darauf hin, dass ich Satiren schreibe ...)

Als Vorschulkind quälte ich alle meine Verwandten: Jeder musste vorlesen oder Geschichten erzählen. Meine Oma hatte sich dabei auf Hexen spezialisiert, die an allen möglichen Orten Spinnenbeine kochten und Knochen sortierten. Mit zehn Jahren hatte ich im Bücherschrank meiner Eltern alles gelesen: vom Säuglingspflegebuch über »Die Elixiere des Teufels« bis hin zum großen Eheberater. Darin hatte es mir besonders das Kapitel mit der Hochzeitsnacht angetan: »Wie verführt der junge Bräutigam mit der zaghaften Braut?« Antwort: herzhaft.

Meine Mutter besorgte mir einen Ausweis für die Stadtbücherei und hatte fortan Ruhe. Ich las Märchen, Krimis, Abenteuer, Briefromane, Science-Fiction, fünfundvierzig Bände Karl May, »Vom Winde verweht« und den »Steppenwolf«.

39

Mit acht Jahren bekam ich meine erste Brille. Danach jahrelang orthopädisches Turnen, weil mein Rücken so rund war. Aber Phantasie und Stil entwickelten sich zur Zufriedenheit meiner Lehrer und Erzieher.

Heute lesen viele Jugendliche sehr ungern, vor allem die Knaben. Das liegt daran, dass sie nur von Weibern unterrichtet werden. Da kann einem auch alles vergehen! Kein Wunder, dass PISA bei deutschen Schülern gering ausgeprägte Fähigkeiten zur Texterschließung vorfindet. Daran sind die vielen Lehrerinnen schuld. Anstatt über die Aufstellung der Nationalmannschaft zu diskutieren, müssen sich die Jungen mühsam in fiktive Problemwelten »einfühlen«, gar in sich »hineinhören«. Klar, dass Schüler stöhnen, wenn ein Bücherstapel mit Lehrerin darunter in der Tür erscheint. »Was, schon wieder? Wir haben doch gerade im vorigen Jahr ein Buch gelesen!« Missmutig blättern sie in den funkelnagelneuen Büchern und berechnen anhand der Schriftgröße den persönlichen Zeitaufwand. Befürchten aus leidvoller Erfahrung knochentrockene Inhaltsangaben, Kurzreferate und endlose Diskussionen. Beklagen scheinheilig Papierverschwendung und Mord an unschuldigen Bäumen.

Sandra fasst das Buch gar nicht erst an: »Ph, kenn ich schon. Das lief neulich im Kino. Ein Junge zieht nach Neukölln und wird fertiggemacht. Zum Schluss ...« Ich kann ihr gerade noch verbieten, das Ende zu verraten. Aber wahrscheinlich erzählt sie den Film in der Pause. Das erspart den Mitschülern das lästige Lesen. Im nächsten Aufsatz werden sie mich mit assoziativen Bruchstücken abspeisen.

Weil fossile Bildungsexperten und hungernde Verleger behaupten, dass Lesen intellektuell und charakterlich bilde, müssen Lehrer weiterhin unwilligen Schülern Bücher zuführen. Aber nur gaaanz vorsichtig! Nichts überstürzen. Die zarte Kinderseele könnte Schaden nehmen, wenn sie Ganzschriften oder ungewohnten Stilebenen ausgesetzt wird. Literatur muss wie bittere Medizin mit Puderzucker bestäubt und in winzigsten Dosierungen verabreicht werden. Am besten noch püriert wie Babynahrung.

In einer Bibliothek unseres Vertrauens führen wir die lieben Kleinen behutsam ans fremde Kulturgut heran. Sind gerührt, wenn einzelne Schüler Bücher entleihen. Zwar nur Comics und sprachlich schlichtesten Grusel, aber Hauptsache, es wird gelesen! Die Redaktion der Schülerzeitung entwickelt extra Fotoromane, um die Mitschüler zum Kauf zu stimulieren. Die Sprechblasen und kurzen Kommentare lesen die meisten gerade noch. Die langweiligen Texte dagegen – eine ganze Seite ohne Bild! – reizen sie überhaupt nicht.

Junglehrer ohne Rückenprobleme organisieren Lesenächte in der Schule. Im Schlafsack eingeschnürt, bringen sie Kernstellen und andere »Gedankenbonbons« zu Gehör. Möglichst mit einer Taschenlampe im verdunkelten Saal. Da können sich die Schüler besser »an den Text anschmiegen«. Allerdings muss für solche Veranstaltungen erst die Selbstkompetenz der Lehrkraft handlungsrelevant erweitert werden, etwa durch den Fortbildungskurs »Wie Stimmbildung Erlebniswelten schafft«. Beim nächtlichen Vortrag wird der Schluss weggelassen: literarischer Coitus interruptus. Unbefriedigt stürzen sich die Kinder am nächsten Tag auf die Bücher und verschlingen selbsttätig die restlichen Seiten! Einige Kinder zumindest.

Grundschüler basteln aufopferungsvoll Lesekisten – zum Beispiel einen Schuhkarton für Harry Potter, die bebrillte Zauberwaise. In die Kiste stopft der junge Bastler Kultgegenstände aus seinem Lieblingsbuch: gekrakelte Schatzkarten, ein totes Frettchen, Zauberstäbe und Schneeeulen-Köttel. Der Phantasie sind keine Grenzen gesetzt. Außen wird alles mit Bildern aus dem Buch dekoriert, und der Höhepunkt der Eigentätigkeit ist eine kurze Inhaltsangabe, die auf den Deckel geklebt wird. Für neugierige Mitschüler. Die bunten Schuhkartons tragen die Grundschüler ständig bei sich. Das steigert die Leselust.

Ältere Schüler parlieren in Schreibkonferenzen über selbst und fremd verfasste Texte – so wünscht es sich zumindest der Methodikratgeber. Der jugendliche Leser wird vom Lehrer genötigt, ein literarisches Tagebuch zu führen. Darin soll er seine Kontakte mit Büchern festhalten, die er außerhalb des Unterrichts liest. Christoph ist auf seiner Reise durch die Oberstufe immerhin zwei Büchern begegnet: »Homo faber« und »Mephisto«. Im Internet hat er ganz brauchbare Zusammenfassungen gefunden. Die muss er nur leicht abändern und mit zwei, drei Rechtschreibfehlern versehen. Pro Satz.

Auf Elternabenden gibt der Lehrer den Literaturmissionar. Er verteilt Lektürelisten, bettelt um Spenden für neue Bücher und rekrutiert stillgelegte Großeltern für Märchennachmittage. Er verkündet, wie wichtig Lesen für differenziertes Sprechen und Denken und für die Rechtschreibung sei. Dass Lesen einfach Spaß mache, dass es wie ein Zauber sein kann, andere Lebenswelten öffnet und Kreativität fördert, erwähnt er gar nicht erst. Das irritiert die meisten Zuhörer nur. Alles, was heutzutage erstrebenswert ist, muss billig oder bequem sein oder das Hirn stimulieren. Damit der Lehrer endlich Ruhe gibt, spenden die Eltern ein paar Euro für die Klassenbücherei. Die ersten zwanzig Bände hat der Lehrer selber bezahlt. Was tut man nicht alles, damit die Schüler lesen.

Der Deutschlehrer propagiert den »Tag des Alphabets« oder die »Gebrüder-Grimm-Woche«. Er veranstaltet literarische Stadtrundgänge: »Hier haben Emil und seine Detektive eine Bockwurst verzehrt.« – »Auf dieser Brücke haben Pünktchen und Anton abends gebettelt.«

Manche Lehrer organisieren Vorlesewettbewerbe, Autorentreffen und literarische Flohmärkte. Sie kümmern sich um neues »Lesefutter«, richten »Lesekuschelecken« ein, wühlen in teuren »Sprachförderkoffern«, bieten »Sprechanlässe für Erzähllandschaften« und trachten stets danach, wandernde Vakuen mit faustischem Streben zu füllen.

Dabei könnten auch Sie helfen! Der Staat hat bekanntermaßen kein Geld – zumindest nicht für solchen Unsinn – und fordert Sie auf, sich im nächsten Schulamt als ehrenamtlicher »Leselotse« registrieren zu lassen. Dann können Sie in einer Grundschule das nachholen, was Sie bei Ihren eigenen Kindern versäumt haben: stundenlang vorlesen.

Oder wollen Sie etwa, dass die deutsche Buchkultur infolge Lesermangels untergeht?

Der heimliche Herrscher

Wer hat an einer Schule das Sagen? Naive Menschen werden antworten: »Der Schulleiter.« Lächerlich! Die wirkliche Macht und Kontrolle übt ein anderer aus. Darüber sollte uns sein äußeres Understatement (grauer Kittel, blaue Latzhose, Leiter und Besen) nicht hinwegtäuschen. Diese Tarnung lenkt nur von den wahren Insignien seiner Amtsgewalt ab: von den vielen Schlüsseln, die ihm am Gürtel hängen.

Mag sein, dass der Schulleiter über Umsetzung und Verbleib des pädagogischen Inventars entscheiden darf, aber dem Schulhausmeister obliegt es, wann, wie und ob überhaupt alle übrigen Anordnungen ausgeführt werden. Ohne seine Zustimmung finden keine Elternabende und Abiturfeste statt. Bei Konferenzen, die sich um zehn Minuten verlängern, schreitet er die Reihen ab und klappert drohend mit den Schlüsseln, bevor er das Schulgebäude in Finsternis hüllt und den Parkplatz verbarrikadiert. Selber schuld, wer sein Auto da noch stehen hat. Auch die Musikkollegin hat Pech. Sie hat vor der Konferenz ihre Schultasche samt Hausschlüssel im obersten Stockwerk deponiert. Das ist längst mit Stahlketten verriegelt und an die Alarmanlage angeschlossen. Muss sie halt woanders übernachten! Es sei denn, sie schafft es durch Betteln und Weinen, dass ihr noch einmal aufgetan wird.

Der Hausmeister verteilt mit Fingerspitzengefühl die nötigen Schulschlüssel an die Lehrerinnen und Lehrer. Wer anmaßend meint, für ihn habe der Hausmeister zu spuren, wird lange, lange Zeit ohne den wichtigen Toilettenschlüssel bleiben und muss sich in den dreckigen Schülerpissoirs rumdrücken. Auch sein Schreibtisch wird auf ewig unverschließbar sein. Schade, schade – manche Schlüssel müssen eben sehr aufwändig nachgebaut werden. Diesen Prozess kann selbst der Schulleiter nicht beschleunigen. Weder durch höfliches Nachfragen noch durch Dienstanweisungen.

Braucht man als Lehrer zusätzliches Mobiliar für den Klassenraum (eine kleine Luxusstelltafel, ein Schränklein oder einen Bilderrahmen), muss man beim Hausmeister einen ausführlich begründeten Antrag in dreifacher Ausfertigung einreichen. Wenn man bescheiden abwartet, wird der vermessene Wunsch vielleicht eines fernen Tages erfüllt. Geht man petzen und sich beschweren, wird sich im Kellertrakt kein einziges Holzbrett auftreiben lassen, geschweige denn ein Schrank!

Der Hausmeister überwacht den Schulparkplatz und klemmt bei Bedarf handschriftliche Mahnungen hinter die Scheibenwischer: »Sie parken hier widerrechtlich! Entfernen Sie umgehend Ihr Fahrzeug, oder es wird abgeschleppt!« Er bestimmt je nach Tageslaune, wer von den Kollegen das teure Rennfahrrad mit ins Lehrerzimmer tragen darf. Morgens öffnet der Hausmeister die Schultore. Nette Kinder lässt er manchmal lange vor den regulären Öffnungszeiten ins Gebäude. Kollegen, die ihre Schlüssel vergessen haben, stehen zur Strafe etwas länger draußen. »Ich hatte gerade einen Rohrbruch (wahlweise einen Feueralarm oder den Kammerjäger)«, erklärt der Hausmeister ungerührt, wenn er ihnen kurz vor Schulbeginn öffnet.

Der Hausmeister ist auch für pädagogische Beurteilungen zuständig. Und zwar nicht dezent und verklausuliert wie in der Personalakte, sondern klar und deutlich: »Der Fischberg will Lehrer sein? Da lachen ja die Hühner! Der hat wahrscheinlich vorher an einer Baumschule gearbeitet.« Die Kinder, die wild im Flur rumrennen und auf Wandzettel starren, schickt er in den Klassenraum zurück: »Laufdiktat? Wer hat sich denn diesen Schwachsinn ausgedacht? Die Kollegin Halbhübner? Die hat doch einen an der Waffel!«

Wenn Elternsprechtage oder öffentliche Veranstaltungen anstehen, übermalt der Hausmeister die Schülerkrakeleien an den Wänden. Ganz aus Versehen auch das Wandgemälde, das Kollege Fischberg mit seinem Wahlpflichtkurs begonnen hat. Der Kollege spricht vorsichtig beim Hausmeister vor, aber er kommt kaum zu Wort. »Ich soll Kunstwerke zerstört haben? Mann, wenn das Kunst war, bin ich der König von Frankreich!«

Die Lehrer fluchen leise über den Hausmeister. Sie spicken kleine Voodoo-Puppen mit Nadeln, um ihn mit Kopfschmerzen und Hexenschuss zu strafen, aber es nützt nichts. Der Hausmeister hat eine eiserne Gesundheit. Manchmal wirken sich flüssige Weihnachtsgratifikationen auf die Zusammenarbeit aus – zumindest ein paar Tage lang. Gut fahren Lehrer, die sich nicht qua Amt und Würde für etwas Besseres halten. Letztendlich eint alle Kollegen eines: Wenn es Ärger mit schulfremden Jugendlichen gibt, rufen alle vereint nach dem kräftigen Hausmeister, damit er die Unruhestifter mit seinem großen Besen aus der Schule fegt.

Meine Lieblingsbeschäftigung

»Kommst du mit an den Schlachtensee?«, fragt mein Sozialpartner und schnürt seine Joggingschuhe.

»Nein, ich kann nicht, ich muss noch Vollkornbrot backen,
ein Buch für meinen Literaturzirkel lesen, einen rumänischen
Volkstanz üben, mit dem Hund zur Gruppentherapie und ...«

Mein Sozialpartner sieht mich mitfühlend an. Er ist kein
Lehrer, er hat einen richtigen Beruf! (Diese Formulierung
stammt übrigens aus einem Kommentar, den ich neulich im
Radio hörte. Da hieß es, im Bundestag säßen nur Beamte und
Lehrer. Leute mit »richtigen Berufen« würden lieber in die
freie Wirtschaft gehen, wo sie mehr verdienen. Der Sender
liegt bei mir um die Ecke. Ich wollte eigentlich losgehen und
die Journalistin erwürgen, aber ich saß gerade beim Korrigieren und konnte mich einfach nicht vom Schreibtisch losrei-
ßen!)

Mein Freund ahnt nicht, dass ich mich seit Tagen auf dieses
Wochenende freue, ach was, die Stunden geradezu gierig her-
beisehne, in denen ich mich meiner Lieblingsbeschäftigung
hingeben kann. Ich stelle das Telefon ab, lasse die Jalousien
runter, koche drei Kannen Kaffee und ziehe aufgeregt die
Aufsätze meiner zehnten Klasse unterm Sofa hervor. Dort
verstecke ich Klassenarbeiten immer, weil ich Angst habe,
dass mein Freund oder meine Putzfrau heimlich anfangen zu
korrigieren.

Die meisten Menschen beneiden einen Lehrer aus tiefstem
Herzen um dieses Vergnügen. Am liebsten würden sie einem
die Aufsatzhefte aus der Hand reißen, wenn man aus der
Schule kommt. Deshalb benutze ich zum Abtransport immer

große Müllsäcke und gehe durch den Hinterausgang zum Parkplatz. Meine Mutter ist seit Jahren pensioniert, leidet aber als ehemalige Lehrerin an schweren Entzugserscheinungen und fragt ständig, ob sie beim Korrigieren helfen dürfe. Da aber ihr Blutdruck vor Freude ansteigt, wenn sie Rotstifte nur von Weitem sieht, hat ihr der Hausarzt jedwede Korrekturtätigkeit untersagt. Zum Glück. Ich möchte meine Aufsätze mit niemandem teilen!

Fröhlich pfeifend lege ich alle Fassungen des Dudens zurecht, die in den letzten Jahren erschienen sind, reichere sie mit einem Synonym- und einem Russischlexikon an und sortiere meine Stifte. Ich korrigiere bunt! Grammatikfehler zum Beispiel in Rottönen, Ausdrucks- und Wiederholungsfehler in Gold und Silber. Meine Schüler haben eine ausführliche Legende und sehen immer gespannt nach, was meine Farbwahl bedeutet.

Ich lasse mir Zeit. Wann hat man als Lehrerin schon so viel Spaß wie beim Korrigieren? Pro Aufsatz gönne ich mir mindestens dreißig Minuten. Die Texte, die sich mühelos entziffern lassen und pro Seite nur acht Fehler enthalten, lege ich erst mal zur Seite. So etwas fordert mich nicht.

Ich beginne gerne mit Leif-Thores Texten. Der Junge schreibt nie unter acht Seiten, und mindestens jedes zweite Wort ist falsch. Wie ein Archäologe entziffere ich mit der Lupe kryptische Buchstaben und hole die verborgenen Botschaften ans Tageslicht. Damit Leif-Thore selber versteht, was er geschrieben haben könnte, tippe ich für ihn eine korrigierte Fassung auf dem Computer.

Das dauert zwei Stunden. Ich recke mich zufrieden. Ähnlich amüsant läuft es mit Chantals Aufsatz. Ihr Vater und ich tragen einen heimlichen Wettbewerb aus: Wer kennt die deutsche Rechtschreibung besser? Ich könnte wetten, dass er schon unruhig auf und ab läuft und darauf wartet, dass Chantal endlich ihren Aufsatz heimbringt. Dann überprüft er stundenlang meine Korrekturen, sucht im Internet nach

Alternativen und Verwaltungsgerichtsurteilen und bringt sie mir triumphierend in die Schule. Es ist eine Lust, sich mit ihm um semantische Varianten zu duellieren! Für ihn halte ich immer meine zwei Springstunden am Dienstag frei. Manchmal dauert unser Wettstreit auch länger. Seit diesen neuen Regelungen fürs Zusammen- und Getrenntschreiben brauchen wir einfach mehr Zeit, uns auszutauschen. Dann bekommen meine Schüler eine Stillbeschäftigung.

Ein Highlight besonderer Art stellen auch die Texte meiner russischen Schülerinnen dar. Sie können nur wenig Deutsch und suchen im Lexikon zielsicher die Wörter heraus, die überhaupt nicht passen. Da braucht es viel Scharfsinn und Intuition, um den Inhalt zu eruieren.

Zeit für die »Tagesschau«. Stolz lege ich die Fine-Liner aus der Hand und spüre befriedigt leisen Verkrampfungen in den Fingern nach. Fünf Aufsätze in acht Stunden. Das soll mir mal einer nachmachen! Wie es aussieht, kann ich mein Vergnügen noch bis Mitternacht ausdehnen. Manche Kollegen haben sehr kleine Deutschkurse und sind schon nach kurzer Zeit mit den Korrekturen fertig. Die kommen montags meist missmutig und unerfüllt in die Schule und fragen neidisch nach, wie viele Aufsätze man noch übrig hätte. Manche Kollegen haben durch ihre Fächerkombination gar keine Klausuren oder Tests. Was machen diese bedauernswerten Geschöpfe eigentlich in den Schulferien?

»Ich hasse Weiber!«

Sie können sich nicht riechen. Wenn die lieben Kleinen von der Grundschule kommen, gibt es so eine Art »natürliche Geschlechtertrennung«, die sie mit eiserner Konsequenz und bisweilen tiefer Abscheu durchhalten. Momo »hasst Weiber«, wie er gerne laut kundtut. Schwule hasst er allerdings noch mehr – obwohl er keinen einzigen kennt. Armer Kerl, so ein Leben in emotionaler Einsamkeit wird nicht einfach werden …

Im Klassenraum sitzt kein einziges »Heteropärchen«. Alle Kinder haben sich fein säuberlich sortiert: Auf der Fensterseite sitzen die Mädchen, auf der Wandseite die Jungen. Es gibt keine größere Strafe, als die Geschlechter zu mischen. Allerdings ist das bei Unruhe und Störungen im Unterricht reine Notwehr. Danach sitzen alle Zwangspärchen stocksteif auf ihren Plätzen und passen auf, dass sie sich ja nicht aus Versehen berühren. Und nehmen mir diese Maßnahme sehr übel.

In der Gymnastikhalle stehen zwei große Bänke, auch dort ist in Sekundenschnelle eine geschlechtsspezifische Separierung hergestellt. Janek steht lieber, als dass er den freien Platz auf der »Weiberbank« einnimmt. Diese strikte Trennung der Geschlechter wird ihren tiefen Sinn haben. Es gibt sie ja auch in den Gottesdiensten vieler Weltreligionen.

Ab und zu zwinge ich meine Schüler zum Tanzen. In einer Zeit, da Kinder einfachste Bewegungsabläufe wie Rückwärtsgehen oder eine Drehung um die eigene Achse nicht mehr schaffen, halte ich das für äußerst wichtig. Man lernt beim Tanzen, dass man einen linken und einen rechten Fuß hat, trainiert auf lässige Weise beide Hirnhälften und hat, wenn man sich darauf einlässt, eine Menge Spaß. Zumindest lächeln die meisten meiner Schüler unwillkürlich beim Tanzen. (Wenn sie sich unbeobachtet fühlen und nachdem der aktivste Saboteur als Gasthörer in einen Kurs der Oberstufe verbannt wurde. Dort kann er in der hintersten Reihe etwas über Musik und Tanz bei den Naturvölkern verfassen. Das Grinsen der Abiturienten ist dabei noch peinlicher als der Tanzunterricht …)

Bei etlichen Tanzformen ist es erforderlich, dass Jungen und Mädchen sich anfassen. Iiih, wie eklig! Einige Kinder wollen sich hinterher dringend die Hände waschen. Kein Wunder, dass unsere Bevölkerungszahl so dramatisch sinkt, wenn es diesen natürlichen Ekel voreinander gibt.

Aber mit den Monaten schleicht eine gravierende Veränderung heran, die darin eskaliert, dass Momo das Rasierwasser seines Vaters leert und die Haare sorgfältig stylt. Für diese bizarren Verwerfungen auf dem Haupt muss er Stunden gebraucht haben. Lisa kommt mit bauchfreiem Top und einem Dekolleté in die Schule, dass meinem Kollegen fast die Augen aus dem Kopf quellen. Auch ich weiß kaum noch, wo ich hinsehen soll. In der Pause bitten wir Lisa inständig, sich in der Schule dezenter zu kleiden. Im Gegenzug bittet mich Lisa, sie offiziell neben Momo zu setzen. Ich erfülle ihr den Wunsch. Auf diese Weise wird wenigstens die Flut der Zettel eingedämmt, auf denen die beiden im Unterricht philosophische Gedanken austauschen:

»Hi, du!«

»Selber hi!«

»Wie geht's?«

»So lala.«

»Liebst du mich noch?«

Hier bricht der Briefwechsel jäh ab, weil der Physiklehrer eingeschritten ist. Die junge Liebe dauert noch drei Tage, dann geht Lisa mit Falk. Danach mit David aus der Neunten. Falk tröstet sich derweil mit Jenny.

Nach einer Woche bestelle ich die beiden Paare zu einem Gespräch. Ich möchte, dass sie ihren demonstrativen Zärtlichkeitsaustausch auf die Freizeit verlegen. Da öffnet sich die Tür, und acht sehr, sehr junge Pärchen aus meiner Klasse marschieren rein. Hand in Hand. »Wir müssen auch an diesem Gespräch teilnehmen! Wir sind schließlich auch zusammen!« Ich muss mir ein Lächeln verkneifen. Eben haben sie noch mit Schippe und Eimerchen im Sandkasten gespielt und das andere Geschlecht »abgrundtief gehasst«, nun soll ich ständig Paartänze unterrichten und eine Party nach der anderen organisieren. Wenigstens muss ich mir keine Sorgen mehr um die Bevölkerungsentwicklung machen …

Undercover

Ich liebe Krimis. Heute kommt im Fernsehen »Blutrausch in der Waldklinik«. Nichts für schwache Nerven, wie ich dem Programm entnehme. Der Film läuft aber zur besten Sendezeit, und ganz sicher verfolgen ihn meine Schüler daheim mit großem Interesse. So haben wir gleich ein anregendes Thema für den nächsten Morgenkreis. Gewalt in den Medien ist schließlich nichts Schlimmes, sondern entlastet und dient dem Aggressionsabbau. Das sagen zumindest kluge Psychologen, wenn Politiker sich über brutale Filme und Computerspiele aufregen und Angst vor Nachahmungstätern haben.

In der Waldklinik werden blond gelockte Krankenschwestern perfide gemeuchelt. Den verstümmelten Leichen fehlt unter anderem das Haupthaar. Die Fernsehkommissare stehen vor einem Rätsel. Der Chefarzt ist attraktiv und ungehalten darüber, dass sein exklusiver Betrieb durch banale Ermittlungsarbeit gestört wird. Alle Angestellten und Patienten mauern. Da kommt dem Oberinspektor eine brillante Idee: Eine seiner blonden Mitarbeiterinnen wird im Krankenhaus als Assistenzärztin eingeschleust, um den Täter auf frischer Spur zu ertappen. Im Schnellverfahren wird Daniela P. beigebracht, wie man ein Skalpell richtig herum hält und Silikonkissen einlegt. Da Daniela handwerklich geschickt ist und gut nähen kann, werden die paar Lid- und Gesäßstraffungen kein Problem für sie sein. Sie muss nur üben, arrogant durch die Gänge zu stolzieren und die noch lebenden Krankenschwestern zu scheuchen.

Natürlich bewältigt Daniela P. ihre Aufgabe mit Bravour. Der Chefarzt würde sie am liebsten vom Fleck weg engagie-

53

ren. Aber sie muss weiter, der nächste Mörder wartet schon mit seinem Samuraischwert. Ach ja, der Mörder in der Waldklinik war eine bedauernswerte Anästhesistin, die sich beim unsachgemäßen Blondieren die Haare ruiniert hatte, woraufhin ihr Mann mit einer Krankenschwester durchbrannte.

So ein Quatsch. Das gibt es natürlich nicht mal im Fernsehen! Ärzte erwerben ihre Professionalität und Kompetenz in langwierigen Studien und Praktika und mit mühsamer Arbeit. Kein Laie kann diese Kenntnisse so ohne Weiteres vortäuschen und mal eben den Chirurgen geben. Nicht mal bei RTL.

Anders sieht es hingegen im Schuldienst aus. Da fällt es keinem auf, wenn ein Fachfremder durch die Klassen geistert. Ganz im Gegenteil. So schlecht, wie unsere PISA-Schulen sind, kann jeder Außenstehende nur eine Bereicherung sein! Deshalb dürfen derzeit überall Interessenten quer in den Schuldienst einsteigen. Und Fernsehkommissare sich als Lehrer verkleiden und ermitteln.

In einer anderen Folge wird im Keller eines städtischen Gymnasiums eine frisch ausgeblutete Leiche gefunden. Es handelt sich um die Bildungsexpertin einer bekannten Wochenzeitung. Auch hier hüllen sich alle in eisiges Schweigen. Die Polizisten sinnieren auf dem Schulhof über die vielen Messerstiche und sehen den Schülern beim Fußballspielen zu. Nun kommt endlich Daniela P. zum Undercover-Einsatz. Sie hat mal ein Praktikum in einem Kindergarten absolviert, bevor sie sich für den Polizeidienst entschied. Nun tauscht sie die Uniform gegen Jeans und Turnschuhe, setzt eine Fensterglasbrille auf und eröffnet in der elften Klasse souverän einen Diskurs über Schillers Frauenbild.

Disziplinprobleme in der Mittelstufe sind kein Thema für sie. Ein gelassener Blick, ein schneller Handgriff – und schon liegt der renitente Kleiderschrank aus der neunten Klasse zu ihren Füßen. Ihr Chef wird sie hoffentlich decken, wenn die Eltern des Jungen vor Gericht ziehen. Die Schüler beten Daniela P. an. Sie ist jung und schlagfertig, kann schnell rennen und raucht heimlich auf dem Klo. Die Jugendlichen vertrauen der neuen Lehrerin Matheprobleme und Liebeskummer an, sie gehen mit ihr Bier trinken und lästern über ihre Lehrer. Daniela P. stellt geschickte Fangfragen, aber noch ist kein Mörder in Sicht. Abends bereitet sie sich manchmal auf den Unterricht vor, indem sie ein wenig im Internet surft oder ihren alten Deutschlehrer anruft.

Daniela P. ist die einzige Person im Kollegium, die Engagement mit Lebensweisheit und Courage paart. Die anderen Lehrer wirken sarkastisch, resigniert und gleichgültig. Sie wechseln die Laufrichtung, wenn prügelnde Schüler den Weg versperren, sie können eine Zigarette nicht von einem Joint unterscheiden und warten sehnsüchtig auf den Tag ihrer Pensionierung. Die Männer haben zotteliges dünnes Haar, tragen Jesuslatschen und Hosen mit hängendem Hintern. Die Frauen wirken verkniffen und verbiestert – bis auf die, die ein Verhältnis mit ihrem Chemiefachleiter hat. Kein Mensch merkt, dass die neue Kollegin mehr von Drogenrazzien und genetischen Fingerabdrücken als von Abiturklausuren versteht.

Daniela P. hat einen Crashkurs in aktueller Bildungsrhetorik besucht und wirft mit Begriffen wie Exzellenzprogramm, Kompetenzteam, Paradigmenwechsel und mentale Aktivierung gekonnt um sich. Leider verrät sie sich fast, als ihr auf einer Konferenz die Handschellen aus der Aktentasche fallen. Gekonnt kaschiert sie ihr Missgeschick mit einem zarten Erröten, und der Geschichtslehrer – geil, wie alte Lehrer im Fernsehen nun mal sind – träumt jetzt die ganze Zeit von fesselnden Spielchen mit der jungen Kollegin.

Neben ihren kriminologischen Ermittlungen gründet Daniela P. eine Schülerzeitung und eine Judo-Arbeitsgemeinschaft. Sie organisiert Schachturniere und Drachenbootrennen. Sie leitet eine Theatergruppe: Moliére in Originalsprache. Sie verhindert, dass der einzige engagierte Kollege an eine andere Schule versetzt wird, und rettet eine suizidgefährdete Schülerin vom Dach. Geschickt spürt sie unterschwellige Konflikte, gewalttätige Väter und schließlich auch den Mörder auf. Es ist der Schulleiter mit seinen unbefriedigten Machtgelüsten. Die ermordete Journalistin war in Wirklichkeit seine Zwillingsschwester, die das väterliche Erbe nicht mit ihm teilen wollte. Außerdem hatte sie ihn als pädagogischen Jammerlappen beschimpft.

Als Daniela P. den geständigen Mörder in den Mannschaftswagen stopft und abfährt, haben die Schüler Tränen in den Augen. Sie betteln, dass Daniela doch bitte wiederkommen soll.

Ja, so schön kann Schule sein, wenn man sich nur ein bisschen engagiert.

Elternsprechtag

Aus einschlägigen Zeitschriften und Büchern weiß ich, dass Mütter und Väter Elternsprechtage auf den Tod nicht leiden können. Sie kommen sich vorgeladen und gemaßregelt vor, werden zu Minderjährigen degradiert und für ihre Erziehungsversuche getadelt. Deswegen sehen sie an solchen Terminen lieber fern, täuschen Theaterbesuche und Nachtschichten vor.

Ich als Lehrerin kann Elternsprechtagen auch nicht viel abgewinnen. Der Einzige, der sie gut findet, ist der Schulleiter. Weil dann immer die reizende Elternvertreterin in sein Büro stöckelt und mit ihm plaudert. Zweimal im Jahr setzt der Schulleiter diese Sprechtage an. Hinterher möchte er von jedem Kollegen eine Statistik haben, wie viele Elternteile da waren. Fleißbilder und Belobigungen für rege Heimsuchungen gibt es leider nicht.

Das ist übrigens ein Geheimnis, das ich gern lösen würde: Warum stehen die Eltern vor dem einen Klassenzimmer Schlange und streiten sich um die zehn Minuten Sprecherlaubnis? Warum wandelt im anderen Raum die Kollegin gelangweilt auf und ab und wartet vier Stunden lang vergeblich auf Kundschaft? Hat es damit zu tun, dass der Klassenlehrer ein Mann ist? (Männliche Lehrer sind von hoher Bedeutung!) Oder ob die Kollegen Physik und Chemie unterrichten? (Die Zensuren in den Naturwissenschaften vermiesen in der Regel das schönste Zeugnis ...)

Die erste Mutter reißt zwanzig Minuten vor dem offiziellen Beginn die Tür auf, lässt sich in den Stuhl vor mir fallen und funkelt mich an: »Ich wollte Sie mir mal ansehen! Ich bin

Nicoles Mutter!« Sie lehnt sich zurück und wartet auf meine Reaktion. Nicole ist das Mädchen in der Zehnten, das mir immer mit ihrer Erziehungsberechtigten droht, wenn ich mich ungebührlich benehme (ihre Hausaufgaben kritisiere, ihr nur eine Vier im Aufsatz gebe).

Ich lächle gequält: »Und? Wie gefalle ich Ihnen?«

Die Mutter mustert mich eingehend und grinst: »Ach, eigentlich ganz gut.«

Wider Erwarten unterhalten wir uns nett und einigen uns darauf, dass Tochter Nicole die Gespräche mit ihrer Freundin im Unterricht ein wenig einschränkt und die Mutter keine Hausaufsätze und Interpretationen mehr verfasst.

Der nächste Vater kann kein Deutsch. Dafür hat er seinen Sohn Erkan mitgebracht. Der hat bei mir Englisch. Also erkläre ich Erkan geduldig noch mal all das, was ich ihm ohnehin ständig predige: »Komm pünktlich zum Unterricht! Geh rechtzeitig schlafen! Bring dein Arbeitsmaterial mit! Mach deine Hausaufgaben! Nutz endlich deine Fähigkeiten!« Stutzig macht mich, dass Erkans Übersetzungen so viel kürzer ausfallen als meine Tiraden. Und dass der Vater die ganze Zeit selig lächelt und sich zufrieden von mir verabschiedet.

Und dann prasselt das Jüngste Gericht über mich herein. Der kleine süße Blonde aus meiner Klasse schickt mir Mutter und ältere Schwester als Racheengel vorbei. Am Vortag hat er es grinsend hingenommen, dass ich den Inhalt seiner Hosentaschen inspizieren wollte. Wie immer musste er genau in meiner Stunde auf die Toilette. Wie immer verließ er sie nach zehn Minuten zusammen mit zwei, drei Jungen aus anderen Klassen. Da Lehrer gefälligst auch auf Drogenhandel achten sollen, ließ ich mir misstrauisch die Hosentaschen vorführen. Die weibliche Verwandtschaft findet meinen Verdacht empörend. Kreischt, schimpft und bedroht mich. Anzeigen wolle man mich wegen falscher Beschuldigung und übler Nachrede.

Peinlich, weil im Raum noch zwei Kollegen und diverse Eltern mit großen Augen und noch größeren Ohren sitzen.

»Sie können meinen Sohn wohl nicht leiden?!«

Peinlich, weil ich im selben widerlichen Tonfall leider nicht antworten kann, zumal mir Mutter und Tochter keine Sekunde Redezeit einräumen. Triumphierend verlassen sie den Kampfplatz. Sechs Wochen später wird der süße Blonde auf Initiative des Schulleiters unsere Anstalt verlassen, weil er kartonweise teures Duschgel und Eau de Toilette »ungeklärter Herkunft« in der Klasse verhökern wollte.

Ansonsten ist es wie auf jedem Elternsprechtag: Es kommen noch acht nette Eltern vorbei, deren Kinder freundlich, problemlos, leistungsstark und bemüht sind. Denen erkläre ich, dass ihre Kinder freundlich, problemlos, leistungsstark und bemüht sind. Frau Horstkotte erzählt wie immer ausführlich von der eigenen Schulzeit und von ihren Eheproblemen. Draußen rütteln die ersten Leute an der Tür, weil ihnen die Wartezeit zu lang wird. Frau Horstkotte entdeckt erschrocken, dass sie noch sieben andere Lehrer aufsuchen muss, und enteilt. Im Türrahmen ruft sie: »Und? Wie macht sich mein Lee Roy?« Ich mache das Victory-Zeichen.

Sechs Eltern, die ich auf dem offiziellen Formblatt der Schule »einbestellt« habe, erscheinen nicht. Dabei würde ich denen ausgesprochen gern von den schulischen »Aktivitäten« ihrer Sprösslinge berichten. Telefonisch kann ich diese Eltern in den folgenden Tagen leider auch nicht erreichen. Entweder ist laufend besetzt, oder es meldet sich ein witziger Anrufbeantworter, den die gesamte Familie bekichert hat: »Matthias, Julia, Vincent und Tamara sind vielleicht gerade Bowlingspielen, hi hi hi, oder den Hund ausführen. Wenn Sie uns ein Fax senden wollen, kaufen Sie uns doch einfach ein Gerät.« Zurückrufen tut niemand. Auf Briefe mit Schulstempel erfolgt auch keine Reaktion. Doch: Einer der Briefe kommt zurück. Adressat unbekannt.

Notgedrungen unternehme ich mit der Sozialpädagogin abends zwei Hausbesuche: einen angemeldeten und einen unangemeldeten. Man sieht Licht in der Wohnung, im Korridor flüstert und raschelt es. Aber es findet sich niemand, der eine Türklinke bedienen kann. Diese Eltern lerne ich manchmal in der zehnten Klasse – kurz vor den Abschlusszeugnissen – kennen. Wenn sie feststellen, dass Sohnemann oder Töchterchen wochenlang geschwänzt hat und keinen Schulabschluss bekommen wird. »Das hätten Sie uns doch mitteilen müssen! Was für eine unglaubliche Schlamperei! Aber da hat das Verwaltungsgericht noch ein Wörtchen mitzureden!«

»Ich mach dich Urban!«

Es gibt in unserer Bildungsrepublik nicht nur Denglish, diese lustige Mischung aus Deutsch und Englisch: »When the snow falls wunderbar and the Kinder happy are …« Es gibt auch »Tütsch«. Türkisch-deutsch. Jugendliche benutzen diese Kurzsprache und freuen sich, wenn Lehrer und Eltern darüber die Stirn runzeln. Auf indigniertes Nachfragen des Erziehungspersonals können die Kinder meist den korrekten deutschen Satz formulieren. Aber das ist so zeitraubend und umständlich. Wozu lang, wenn es kurz genauso gut geht.

Nehmen wir als Beispiel das Gespräch zwischen zwei (deutschen!) Schülern:

»Gehst du S-Bahn?«

»Nein, ich bin Fahrrad.«

Das ist leicht zu verstehen:

»Gehst du mit mir gemeinsam zum S-Bahnhof?«

»Nein, ich bin heute mit dem Fahrrad unterwegs.«

Aber wer kommuniziert schon so maniert!

Der Lehrer tadelt auf dem Schulhof einen Jugendlichen, weil er raucht. Der Schüler antwortet herablassend: »Ich bin aber Martin Luther.« Der Lehrer gibt sich zufrieden. Das ist schon etwas schwieriger zu entschlüsseln. Der Raucher ist von einer anderen Schule, von der Martin-Luther-Oberschule. Beide Schulen teilen sich den Pausenhof, haben aber andere Hausregeln. »Ich bin Martin Luther« heißt also: »An meiner Schule, der Martin-Luther-Oberschule, darf ich rauchen. Sie sind ein Lehrkörper des anderen Erziehungsinstituts und haben mir gar nichts zu sagen!«

Auf der Klassenfahrt wandert die Lehrerin durch den Bus

und notiert die Wünsche der Schüler. Heute werden zwei Gruppen gebildet. Eine besucht das Schmetterlingsgehege, die andere das Heimatmuseum. Vier türkische Abiturientinnen sitzen zusammen in der letzten Reihe, die Sprecherin erklärt: »Yasmin Schmetterling. Die anderen alle auch Schmetterling.« Vom Verfall deutscher Kultur und Sprache akut bedroht, fragt die Lehrerin entsetzt: »Wie bitte?« Yasmin grinst: »Ich möchte gern das Schmetterlingshaus besuchen, die anderen drei auch.«

Zwei Schüler streiten sich im Flur. Der eine droht: »Pass bloß auf, oder ich mach dich Urban!« Der hellhörige Berliner Lehrer stellt sich sofort dazwischen, denn er hat ganz richtig interpretiert: »Pass auf, wenn du mich weiter reizt, schlage ich so zu, dass du ins Urban-Krankenhaus eingeliefert werden musst!«

»Das ist eben Jugendsprache«, erklärt Pinar ungerührt. »Das hat mit Ausländerdeutsch gar nichts zu tun. So reden wir alle. Das ist bequemer.«

Es klappt nicht immer, die Schüler durch gezieltes Nachfragen zum korrekten Sprechen zu bringen. Ein Junge soll seine Verspätung erklären. Er sagt: »Ich war Aldi.« Der Lehrer fragt: »Wo warst du?« Ein Mitschüler springt ein: »Der war wirklich Aldi!«

Mit Aussagen wie »Frau, ich hab Dings!« kann auch das einigermaßen kundige Lehrpersonal nichts anfangen. Selbst, wenn die Schülerin dabei klagend die Hand auf den Rücken hält. Nach intensivem Nachfragen wird folgende Information zutage gefördert: »Frau Grabert-Nötzel, ich verspüre heute starke Rückenschmerzen und kann deshalb leider nicht am Sportunterricht teilnehmen.«

Wenn man den ganzen Tag »Kurzsprak« hört, erwischt es einen selber irgendwann.

Abends fragt der Lehrer seine Freundin: »Gehen wir heute China?«

»Nein, ich hab Abi.«

Hier die Übersetzung für hochdeutsch sprechende Menschen:

»Wollen wir heute Abend gepflegt essen gehen? Vielleicht in das neue chinesische Restaurant am Stadtpark? Ich lade dich auch ein.«

»Nein, das geht leider nicht, ich muss noch die Abiturvorschläge ausarbeiten. Morgen ist der Abgabetermin.«

Mittlerweile nutze ich die enormen Vorteile der Kurzsprache ganz bewusst in meinem pädagogischen Alltag. Statt umständlicher Aufforderungen wie: »Würdest du bitte an deinen Platz gehen, Fee Nike?« – »Hör sofort damit auf, Max-Adam deinen Atlas auf den Kopf zu hauen!« – »Der Unterricht hat angefangen. Setz dich endlich hin, Quirin!« sage ich nur noch: »Platz! – Aus! – Sitz! – Pfui!« Das funktioniert fantastisch.

Teile und herrsche! Hilfreiches für die Hand des Schulleiters

Danke, danke, danke!

Kaum jemand möchte noch Schulleiter werden. Bildungsanstalten veröden, Kollegien verzweifeln, Schüler marodieren. Eltern und Journalisten schimpfen.

Danke, dass du dich bereitgefunden hast, in diesen harten Zeiten eine der nicht besetzten Funktionsstellen zu übernehmen. Wenn du Pech hast, bist du der Dienstälteste und musst das machen, bis sich jemand offiziell bewirbt oder zu euch versetzt wird. Natürlich bekommst du keinen Cent extra für deine Doppelbelastung.

Vielleicht hast du aber auch fünf bis zehn Jahre an einem Bewerbungsverfahren teilgenommen, dir in der Zeit drei Schulrechtsvarianten angeeignet, jede Menge Prüfungen und Schulungen absolviert und dir deinen Posten hartnäckig erarbeitet. Zur Belohnung kommt erst einmal das »haushaltstechnische Wartejahr«: Dein Gehalt stagniert trotz der Beförderung. Dieses Wartejahr kann auch dreißig Monate dauern. Schließlich sind die öffentlichen Kassen leer, und für »freiwillige« Mehrarbeit gibt es im öffentlichen Dienst keinen müden Euro, stattdessen eine Flut von Ausführungsvorschriften und obskuren Einschüchterungen.

Man weiß nicht, was dich dazu bewogen hat, im deutschen Bildungselend eine Schule zu leiten. Totaler Altruismus und der missionarische Drang, »alles besser zu machen«? Kontrollsucht oder eine andere Zwangsneurose? Familiärer Terror, dem jeden Tag zwölf Stunden zu entkommen du heilfroh bist?

Die Ruhe in einer Schule am Wochenende ist idyllisch. Deinen Untergebenen gegenüber beklagst du, dass du auch am heiligen Sonntag und in den Ferien in der Schule zu tun hast. Sie schweigen mit schlechtem Gewissen, weil sie auf ihrer Datsche waren. Sie wissen ja nicht, dass du dir ein neues Computerspiel heruntergeladen und auf dem Dach der Schule eine Liegestuhl-Sonnenschirm-Kombination aufgebaut hast.

Wie auch immer deine Motivationslage ist, eine Schule zu leiten – der eine oder andere Hinweis wird dir helfen, deinen Posten angemessen zu bekleiden.

Dein Umfeld

Als Erstes steht dir ein eigener Parkplatz im Schatten zu. Lass den Hausmeister dort ein Schild mit deiner Autonummer anbringen. Als Nächstes wirfst du die Stellvertreterin aus deinem Büro. Dein seniler Vorgänger wollte auf gleicher Augenhöhe mit ihr arbeiten. Das ist falsch verstandene Demokratie! Hinten im Flur steht eine Kammer frei, in der haben Schüler bisher Brötchen für einen Verkaufsstand geschmiert. Dort hinein passt genau der Schreibtisch deiner Stellvertreterin. Die Kammer teilt sie sich noch mit einem monströsen, rumpelnden Kühlschrank und einem historischen Waschbecken aus Vorkriegsjahren. Du kannst ihr eventuell noch einen Telefonanschluss legen lassen. Das ist sinnvoll, wenn du sie zu dir zitieren und für deine eigenen Fehler abkanzeln willst.

Dir selber kaufst du als Erstes einen repräsentativen Schreibtisch. Nicht so ein schmales Ding, an dem einem die Leute viel zu dicht auf die Pelle rücken. Nein, das Mindestformat sollte zwei mal zwei Meter betragen. Das schafft Distanz und lässt Bittsteller klein und unbedeutend erscheinen. Wie früher in Königshäusern: Je wichtiger die Herrscher, desto weiter saßen sie weg. Basta. Die Schreibtischlampe stellst du so ein, dass die Besucher geblendet werden und blinzeln müssen. Das habe ich in einem Ratgeber für Personalchefs (oder waren es CIA-Verhöre?) gelesen. Der Besucherstuhl muss etwas niedriger als deiner sein – wenn das Personal zu dir aufblicken muss, unterstreicht das die Hierarchie.

Für vertrauliche Gespräche mit deinen Hofschranzen hast du einen Beistelltisch am Fenster, wo man nett miteinander plaudern kann und sich die Knie berühren, wenn es nötig ist. »Ach, Herr Würfel, würden Sie wohl so liebenswürdig sein und für mich einen Schrank in den vierten Stock tragen?« Dieses Stilmittel muss sehr überlegt eingesetzt werden. Es ist für einen männlichen Schulleiter nicht unbedingt Erfolg versprechend, sein Knie an das des Deutschfachleiters zu drücken. Ich rate, das erst mal bei Referendarinnen zu üben.

Frauen in Leitungspositionen sollten nur im Notfall mit dem Knie arbeiten. Ihnen stehen jede Menge andere Mittel zur Verfügung: tränenumflorter Blick (»Ich habe immer so viel zu tun!«), sanftes Berühren des Arms (»Wenn ich Sie nicht hätte!«) oder ein gespitztes Mündchen (»Sie Schelm!«).

Die Macht
Macht macht Spaß. Das wirst du schnell merken. Es ist erstaunlich, was Untergebene sich alles gefallen lassen. Seitdem Schulleiter nun ihr Personal auch beurteilen und benoten dürfen, trauen sich Lehrer gar nichts mehr. Es sei denn, sie stehen kurz vor der Pensionierung. Dann musst du mit der einen oder anderen Frechheit rechnen. Aber sei unbesorgt: Die meisten älteren Lehrer sind viel zu erschöpft, um sich zu wehren. Und die jüngeren wollen noch Karriere machen und müssen auf einen vorbildlichen Personalbogen achten. Brav führen sie auch absurdeste Anweisungen aus: die Biologiezensuren aller Katholiken aus diversen Unterlagen herausschreiben, täglich an Evaluationen zu Lehrergesundheit und Lebenslust teilnehmen, Gegenstände wie Papierkörbe, Stühle, Volleybälle oder Gitarren zählen und katalogisieren.

Teste einfach, wie weit du gehen kannst. Du hast die Macht der Definition. Was du lustig findest, ist eo ipso lustig! Also streu ruhig Salz in den Kaffee des Sportkollegen. Der lächelt gequält. Eigentlich möchte er zuschlagen, aber er darf nicht. Wenn Kollegen dir einen Witz erzählen, dann verdirb ihnen die Pointe, indem du gelangweilt anmerkst: »Verstehe ich nicht!« Halte aber unter dem Schreibtisch Papier bereit, damit du gute Witze später notieren kannst.

Viel Spaß macht es auch, Kolleginnen zum Weinen zu bringen. Mit der Zeit entwickelst du ein sicheres Gespür dafür, wer bei welchem Stichwort in Tränen ausbricht. Je nach Stimmungslage und persönlicher Beziehung kannst du dann tröstend oder ironisch reagieren. Manche Kollegen werden aber auch laut und widerborstig. Sich mit denen anzulegen bereitet nur unnötige Anstrengung. Gib ihnen Recht oder zu tun. Mach sie zu stellvertretenden Jahrgangsleitern! Was, darüber will das Kollegium entscheiden? Lächerlich! Du wirst doch wohl in der Lage sein, eine Abstimmung zu manipulieren!

Schon die alten Römer entwickelten ein wichtiges Führungsprinzip: Divide et impera. Teile und herrsche. Lehrer brauchen Anerkennung und Lob, gerade jetzt, wo die Öffentlichkeit nur noch auf ihnen herumhackt. Da sie positive Rückmeldungen von ihren Schülern manchmal erst nach zwanzig Jahren bekommen, bist du dafür zuständig. Das ist ein wunderbarer Machtfaktor. Lob den einen Lehrer und ignorier den anderen. Je nach Tagesform. Egal, was sie geleistet haben. Zieh die eine Lehrerin ins Vertrauen, die andere grüßt du ein paar Wochen lang nicht. Beobachte, was das mit den Leuten macht. Ist das nicht witzig?

Du hast schon als Kind gern Käfer gequält. Aber das war gar nichts im Vergleich zu dem Biotop, das dir jetzt zur Verfügung steht. Separiere bei lustigen Feten einzelne Kollegen und schließ die Tür fest hinter euch. Jeder führt gern vertrauliche Gespräche mit seinem Vorgesetzten. Das gibt einem so ein Gefühl von Bedeutung. Du wirst erstaunt sein, was sie dir alles anvertrauen. Ohne dass du nachfragen musst. Keine Majestätsbeleidigung, keine Unmutsbezeugung bleibt dir verborgen. Dein Herrschaftswissen streust du hier und da mal unters Volk und zeigst damit deinen Untertanen, dass sie nichts vor dir verheimlichen können.

Das Kollegium muss in Bewegung und Unsicherheit gehalten werden. Lerne von Lenin! »Vertrauen ist gut, Kontrolle ist besser.« Deine Lehrer müssen ständig das Gefühl haben, dass du im wörtlichen Sinne hinter ihnen stehst. Dass du beispielsweise in den Fluren patrouillierst und die Lautstärke misst, die aus den Klassenzimmern dringt.

Lass dich auf keinen Fall in Lehrerstreitereien involvieren. Du hast anderes zu tun. Sollen doch die Kontrahenten ihren Kinderkram »interkollegial« regeln. Am besten hältst du dir ihre banalen Konflikte vom Hals, indem du die Streithähne ausführliche Berichte schreiben lässt, die dann wochenlang bei dir herumliegen und irgendwann verloren gehen. Nach drei Gesprächsversuchen gibt auch der hartnäckigste Querulant in der Regel auf und lässt sich freiwillig umsetzen.

Das Leitungsteam

Der Zeitgeist verlangt, dass man im Team arbeitet. Egal, wie nutzbringend es ist. Du hast recht: Wer hätte je von Goethe oder Einstein Teamarbeit gefordert? Trotzdem: Such dir zum Schein vier Lehrer, noch besser Lehrerinnen, die deinen Führungsstil bewundern und gut lenkbar sind. Ihnen versprichst du ein paar dezente Erleichterungen im Alltag. Da sich Gegenkandidaten kaum finden werden – seit der letzten Arbeitszeiterhöhung hat sich bei vielen Lehrern der frühere Elan in weinerlich-trotzige Abwehr gewandelt –, ist die Wahl deines Schulleitungsteams ein Klacks. Alle anderen sind doch froh, dass überhaupt jemand die Arbeit macht. Mag sein, dass dennoch ein renitenter Kollege kandidiert, um eure Kreise zu stören. Aber den einen könnt ihr problemlos ruhigstellen.

Das Schulleitungsteam ist dazu da, deine Meinung zu vertreten. Meistens hat es ohnehin keine eigene. Lass deine »Teamer« immer schön ausführlich diskutieren. Das gibt allen ein Gefühl von Bedeutsamkeit. Du wirst feststellen: Je unwichtiger ein Thema ist, desto leidenschaftlicher und länger kann man es besprechen. Viele Menschen halten sich gern mit unbedeutenden Details auf, weil sie bei komplizierteren Problemen ratlos sind. So schwafelt die Öffentlichkeit ständig von Schuluniformen und glaubt, das werde die schulische Gemeinschaft grundlegend ändern. Die wahren Ursachen sozialer Verrohung und geistiger Verödung will man lieber nicht antasten.

Lehrer können sich die Köpfe darüber heißreden, in welcher Farbe unentschuldigte Unterrichtsstunden in den Fehllisten markiert werden und ob die Schüler in allen Pausen das Gebäude verlassen müssen. Das ist wenigstens etwas Konkretes. Nach zwei Stunden Diskussion tritt eine gewisse Erschöpfung ein, und alle werden erleichtert über deinen Lösungsvorschlag sein, den du bereits am Vortag gefasst hast. Ja, ich weiß, du würdest viel Zeit sparen, wenn du sofort machen könntest, was du für richtig hältst. Deswegen findest du auch das Zitat von Truman so schön: » Wie weit wäre Moses gekommen, wenn er in Ägypten erst hätte abstimmen lassen?«

Aber dein Team dient nun mal dazu, dem Kollegium vorzugaukeln, dass an schulischen Entscheidungen alle demokratisch beteiligt sind. Und dass nicht etwa du der Böse bist, der Unpopuläres verlangt. » Tja, das hat aber mein Leitungsteam so entschieden!«, kannst du lakonisch einwenden, wenn jemand wütend in dein Büro stürmt.

Die Schüler

Die Schüler lieben dich. Ja, das glaubst du wirklich. Lass dir am Rande gesagt sein: Es ist nur dein Amt. Als subalterner Lehrer hättest du es genauso schwer wie alle anderen auch. Glaubst du, die Mädchen aus der Oberstufe würden in deinem Büro sitzen und dich anhimmeln, wenn du nur ihr Physiklehrer wärest? Wie naiv. Trotzdem: Genieß ruhig die Bewunderung junger Menschen und gönn dir die Illusion, deine beeindruckende Persönlichkeit und deine Ausstrahlung seien gemeint.

Wenn es im Schulalltag Konflikte gibt und die Schüler zu dir kommen, um sich auszuweinen, sind in der Regel die Lehrer schuld. Verbünde dich mit den armen Kindern, die sind dankbarer und offener in ihren Gefühlen als Erwachsene. Zeig ihnen, wie großzügig und väterlich du bist. Bitte leicht grinsend um Verständnis für den überforderten Mathekollegen und schick den triumphierenden Schüler zurück in den Unterricht. Den beiden unfähigen Kollegen, die einen Schüler von der Klassenfahrt heimschicken wollen, nur weil er sturzbesoffen im Bett gekifft hat, erklärst du am Telefon, sie sollten sich gefälligst sinnvolle pädagogische Konsequenzen überlegen. Aber reagier knallhart, wenn der junge Mann dir später blöd kommt. Verweis ihn an eine andere Schule. Alles hat schließlich seine Grenzen!

Die Eltern
Die Zusammenarbeit mit Schülereltern kann ganz kurzweilig sein, wenn sich die Richtigen für die Gremien melden. Da gibt es zum Beispiel eine Schauspielerin von regionaler Bedeutung, die ihr schnippisches Töchterchen deiner Obhut anvertraut hat. Oder einen Mathematikprofessor, dessen Sohn bereits an fünf Gymnasien gescheitert ist. Prominente Eltern krönen eine Schule. Mit ihnen kann man die Website und sämtliche Werbebroschüren dekorieren. Mit ihnen zusammen kann man schön lästern, wenn die offiziellen Sitzungen vorbei sind. Ihr duzt euch natürlich. Die Eltern fühlen sich geschmeichelt, und du erfährst eine Menge über deine Lehrer. Auch hier funktioniert das Prinzip » Teile und herrsche «. Den einen herausheben, den anderen fallen lassen. Schwer vorstellbar, dass von den Eltern jemand sagt: » Nein, hier ist Schluss. Ich rede nicht über andere Leute in deren Abwesenheit. «

Sollte doch mal jemand irritiert reagieren, zitierst du namhafte Wissenschaftler, die » Klatsch « als ganz wichtige soziale Komponente betrachten.

Wenn störrische Eltern dir mit dem Verwaltungsgericht

oder der Presse drohen, weil sie Korbinians Sechs in Mathe stört, dann rede eingehend mit dem betroffenen Lehrer. Meist kann er seine Sechs gar nicht aufrechterhalten und wird feststellen, dass er genauso gut eine Vier geben kann.

Umgang mit Querulanten
Wer sich aus der Masse erhebt, darf nicht mit Nachsicht oder Wohlwollen rechnen. Das wusste schon eine berühmte deutsche Dichterin. Natürlich hast du auch Feinde im Kollegium. Zum Beispiel Leute, die auf deinen Posten gehofft haben, aber die dem Schulrat dafür nicht aufs Knie klettern wollten. Wenn die Einbindung in schulische Extraaufgaben wie Drogenberatung, Evaluationsausschüsse oder Computerwartung ihre kritische Haltung nicht absorbieren kann, musst du zu Ordnungs- und Erziehungsmaßnahmen greifen.

Wer krank war, wird beim Wiederauftauchen gleich zweimal zur Vertretung eingesetzt. Das ist eine gerechte Strafe und motiviert die anderen, die den Kollegen vertreten mussten, ungemein. Natürlich setzt du ihn nicht im winzigen Luxuslateinkurs ein, sondern in einer voll besetzten Erdkundeklasse. Möglichst im zehnten Jahrgang, wo die Schüler nach der hundertsten erfolglosen Bewerbung nur noch gereizt auf Anforderungen der Lehrer reagieren.

Springstunden in beliebiger Höhe sind ein probates Mittel, Querulanten ruhigzustellen. Anhand des Computerprogramms kannst du greinenden Kollegen spielend nachweisen, dass es leider nicht anders geht. Ein Computer ist neutral und schikaniert keine Menschen. Dann erklärst du, dass an einer Ganztagsschule vierzehn Springstunden nichts Besonderes sind. Fünf Stunden davon liegen in der Mittagszeit, die kann man eigentlich gar nicht als Springstunden rechnen. Irgendwann müssen die Kollegen sowieso etwas essen. Dabei können sie gleich in der Schulmensa Aufsicht führen. Mensaaufsichten sind sehr beliebt, man sollte sie nur seinen engsten Feinden gönnen.

Der Halbtagskraft mit den widerspenstigen Mundwinkeln baust du einen Stundenplan, der sie täglich in die Schule schickt und ihr nur wenig vom erhofften Freizeitgewinn bringt. Wie deine Gerüchteküche dir zuträgt, jammert die Kollegin ständig über die »unmenschliche Behandlung«, aber zum Personalrat geht sie nicht. Wozu auch? Dort ist dein bester Freund Vorsitzender.

Andere Dienstkräfte
Bei der sanften Sekretärin kannst du deinen Launen freien Lauf lassen. Am Morgen tätschelst du ihr jovial den Arm, eine Stunde später scheuchst du sie quer durch die Schule, erzählst ihr kurz vor der Mittagspause einen Männerwitz – wehe, sie lacht nicht angemessen! – und gibst ihr kurz vor Feierabend noch einen zehnseitigen Brief zum Abtippen, damit sie nicht übermütig wird. Ihren Geburtstag vergisst du grundsätzlich, aber Gnade ihr Gott, wenn sie dich für dein Hühnerauge nicht angemessen bedauert.

Bei deinem sonstigen Dienstpersonal – falls eure Schule noch über Drucker, Techniker und Laborassistenten verfügen sollte! – sorgst du durch den Gebrauch von lateinischen Zitaten und abwegigen Fremdwörtern für den gebührenden Abstand. Gib ihnen Anweisungen nur unter vier Augen, dann kannst du deine Fehlentscheidungen immer ihnen in die Schuhe schieben. Nur bei dem Hausmeister musst du vorsichtig sein. Seiner subtilen Rache bist du nicht gewachsen. Also hofier ihn und sorg dafür, dass er sich besonders wohlfühlt.

Hoher Besuch
In der Ära ständiger Evaluationen, Inspektionen, Kontrollen und Präsentationen sucht manch wichtige Persönlichkeit deine Anstalt heim. Angehende Schulrätinnen, Pädagogikeminenzen und Staatssekretäre musst du heutzutage nicht mehr mit »Eure Exzellenz« anreden. Ein bisschen Beflissenheit kann jedoch nicht schaden. Wer weiß, welche Karriere-

pfade du noch beschreiten willst und wer dir dabei Brücken bauen kann. Erzähl dem hohen Besuch am Rande, dass du eine wegweisende Dissertation in der Hinterhand hältst, aber deiner Schule zuliebe auf eine wissenschaftliche Karriere verzichtet hast. Lamentier ausgiebig über die Unfähigkeit und Beschränktheit deiner Lehrer. Schildere den aufreibenden Kampf gegen ihre Larmoyanz und Ignoranz. Das impliziert automatisch, dass du selber ein begnadeter Pädagoge bist. Man wird dir blind glauben, dich von Herzen bedauern und dir für die nahe Zukunft eine » selbstständige Schule « in Aussicht stellen, in der du endlich offen schalten und walten kannst, wie du willst. Wenn die hohen Gäste entschwunden sind, mokierst du dich im Kollegium feixend über ihre pädagogischen Parallelwelten.

Erfüll Wünsche deiner Vorgesetzten möglichst schon, bevor sie überhaupt » angedacht « werden. Die » da oben « lieben Schulleiter und besonders Schulleiterinnen mit vorauseilendem Gehorsam und gering ausgeprägtem Widerspruchsgeist. Nimm mit deiner Mannschaft an allen Projekten und Modellversuchen teil. Das bedeutet in der Regel viel unnützen Aufwand, aber manchmal fällt eine Achtellehrerstelle oder eine halbe Ermäßigungsstunde für deine Anstalt ab. Das kannst du dem Kollegium und der Schulkonferenz stolz als persönliche Leistungsbilanz präsentieren.

Die konkrete Mehrarbeit legst du vertrauensvoll in die Hände des Leitungsteams. Das ist eifrig am Werk und denkt sich pausenlos neue Erschwernisse für das Kollegium aus: jede Menge Formulare, Erhebungen und Vergleichsarbeiten, tägliches Protokollieren von Unterrichtsergebnissen und individuellem Lernzuwachs, monatliche Zensurenbilanzen und Entwicklungsberichte für die Eltern, alle zwei Monate Präsentationstage und Sprechstunden. Den Zeugnissen müssen mehrseitige Schülerpsychogramme beigefügt werden. Die prickelndste Neuerung: Die Unterrichtsstunden werden auf dreißig Minuten gekürzt, so kann jeder Lehrer ein Drittel mehr Stunden geben. Was das an Personal und Geld spart! Es freut dich ungemein, dass das Leitungsteam von dir lapidar hingeworfene Ideen sofort in die Tat umsetzt und stolz auf seine Innovationen ist.

Außenwirkung

Pflege sorgfältig alle Kontakte zu Journalisten. Einmal in ihren Presseverteiler aufgenommen, wirst du pausenlos interviewt. Zu Schuluniformen, Kopftüchern, Handys und Sprachprogrammen. Journalisten sind froh, wenn sie zügig arbeiten können und nicht lange in der ganzen Stadt recherchieren müssen. Hat deine Schule erst mal einen guten Ruf, kann den so schnell nichts umstoßen.

Das gilt umgekehrt natürlich genauso. Beschäftige an deiner Anstalt zwei Hochseilartisten, einen Steinmetz und einen tibetischen Bogenschützen, und die Zeitungen werden sich darum reißen, dem geneigten Publikum deine wundervolle Anstalt zu präsentieren. Was die Künstler und Artisten tatsächlich für die Entwicklung deiner Zöglinge bewirken, ist dabei von peripherer Bedeutung. Das einzig Wichtige: Eine positive Pressebilanz attrahiert bürgerliche Eltern und sichert das Wohlwollen der Vorgesetzten.

Natürlich hältst du dir auch einen Internetspezialisten für die Website eurer Schule. Der sitzt täglich am Computer, stellt neue Evaluationsergebnisse, Fotos und Aphorismen ein, lässt Animationen auf dem Bildschirm hüpfen und tanzen und mit einem Zeigestock auf all eure, pardon: deine Errungenschaften hinweisen. Natürlich gewinnt ihr einen internationalen Wettbewerb mit dieser Website. Der Sieg der Form über den Inhalt hat schließlich überall Einzug gehalten.

Ach, das wusstest du alles schon? Und deine Ideen und Aktionen übertreffen meine Vorstellungskraft bei Weitem? Oh, entschuldige, dass ich deine Zeit in Anspruch genommen habe. Bisweilen vergesse ich, wo mein Platz ist.

Privatsache

Gegen ein kleines Entgelt kann man Transatlantikflüge recht angenehm in der ersten Klasse verbringen. Mit weißen Tischdeckchen und eigenem Telefon. Und ohne größere Thrombosegefahr. Der beflissene Flugbegleiter begrüßt einen mit Namen und trägt Mantel und Gepäck an einen geheimen Ort. Von dort kehrt er mit der ausführlichen Speisekarte und einem Glas Champagner zurück.

Auch längere Fahrten in der Bahn lassen sich sehr viel besser in der ersten Klasse aushalten. Dort spielen sparsam verteilte Reisende in leeren Abteilen an ihrem Laptop herum, während sich im Großraumwagen quiekende Kinder, müffelnde Hochsommeropfer, erregte Fußballfans und müde Koffersitzer dicht gedrängt auf die Nerven gehen. Die Erste-Klasse-Touristen müssen sich nicht durch volle Gänge in den Speisewagen drängeln. Ein Kellner trägt ihnen auf.

Und wer möchte nicht nach einer kleinen Lifestyle-Operation am Hängelid lieber im privaten Einzelzimmer ausheilen, ohne die lästigen Körpergeräusche anderer Patienten? Mit Besuchszeiten rund um die Uhr? Ein geringer Aufpreis – und schon lebt es sich viel besser.

Dasselbe gilt natürlich auch für die Schule. Der Staat garantiert eine mäßige Grundausbildung für alle. Mit Minimalausstattung: bröckelnde Gebäude, eklige Toiletten, enge Klassenräume. Und – wie die Presse zu betonen nicht müde wird – mit vergreistem, weinerlichem Lehrpersonal, das längst auf die Halde gehört. Wer etwas Erlesenes will, muss eben in die Tasche greifen. Der Trend zur Privatschule verstärkt sich. So wie die Kluft zwischen Reich und Arm, Gebildet und

Ungebildet in Deutschland stetig wächst. Zeitungen sind voll von Werbeanzeigen feinster Internate. Journalisten besuchen begeistert die blühende Privatschullandschaft. Schwärmen vom katholischen Modellgymnasium oder der jahrgangsübergreifenden Elite-Dorfschule. Junge, motivierte Lehrer werden angepriesen, die segensreich in Kleinstgruppen tätig sind. Der begüterte Nachwuchs kann nebenbei reiten, segeln oder Rosen züchten.

Am liebsten würden viele Eltern ihre Kinder schon in der Grundschule von Mehmet, Ekaterina und Orhan trennen und weit weg von jedweder integrativen Zumutung unterbringen. Ganz früher waren Privatschulen fast verpönt. Dort landete, wer an staatlichen Schulen gescheitert war. Dorthin schoben Eltern mit ausreichend Kleingeld den nicht so pflegeleichten Nachwuchs ab. Für Lehrer galten Privatschulen als sehr ferne Möglichkeit des pädagogischen Broterwerbs. Heute dagegen werden Privatschulen als die einzig innovativen Anstalten des Landes gerühmt, als Werte und Disziplin vermittelnde Grundinstanzen, erfolgsorientiert, Elite züchtend und PISA-bewährt.

Wer aber trägt die Schuld an der deutschen Bildungsmisere? Nein, keinesfalls die jeweils Regierenden, die manchmal von Schulpolitik keine Ahnung haben. Die Reformen nur halbherzig »andenken« und nicht genug Geld in die Bildung investieren wollen. (Angeblich ist ja keins da.) Also lassen sie die Lehrer als Sündenböcke aufmarschieren. Wenn es an Privatschulen so vortrefflich läuft, wieso schaffen das dann die staatlichen Schulen nicht? »Ist doch klar«, sagt der gut informierte Bürger, »fortbildungsresistente Uralt-Achtundsechziger, Unterricht wie vor hundert Jahren und Lernen im Gleichschritt.« Das liest er ständig in seiner Zeitung. Muss also stimmen!

In Berlin weist jede Jahresstatistik aus, dass man im grünen, wohlhabenden Bezirk Zehlendorf sehr viel länger und gesünder lebt als im verarmten Kreuzberg. Mit Sicherheit liegt das an den unfähigen Kreuzberger Ärzten, die sich nicht weiterbilden und sich nicht bemühen. Ausgebrannt und teilnahmslos lassen sie die Patienten an sich vorbeidefilieren, während der Zehlendorfer Arzt jung, dynamisch und engagiert ist. Blödsinn? Der gravierende Unterschied zwischen Kreuzberg und Zehlendorf soll am Gesundheitsbewusstsein und am Lebensstandard der Anwohner liegen? Sieh an!

Bei all den aktuellen Lobliedern auf Privatschulen müsste einem nachdenklichen Journalisten doch mal auffallen, dass sich mit zehn bis fünfzehn Kindern einer eher bildungswilligen und betuchten Elternschaft natürlich ein ganz anderer Unterricht machen lässt als mit vierunddreißig »staatlichen Schülern«, die in ihrem Lern- und Sozialverhalten alle gesellschaftlichen Probleme widerspiegeln. Rumpelstilzchen konnte Stroh zu Gold spinnen, aber kein Berufstätiger wird dadurch leistungsfähiger, dass er immer mehr unlösbare Aufgaben übertragen bekommt, im Bürokratiekram erstickt und sich in Sitzungen aufreibt.

Undankbare Gören

Mein Kollege und ich haben den lieben Kleinen in der Mensa ein Eis gekauft. Jedem eins. Manchmal entwickeln wir solche eigenartigen Gelüste, wenn uns die Sympathie für unsere achte Klasse übermannt. Die Kinder ziehen mit ihrem Eis an uns vorbei, sehen mich bezahlen und sagen gerührt zu meinem Kollegen: »Danke, Herr Spä-hächt.« Eigentlich heißt der Mann Specht. Aber die Mädchen ziehen seinen Namen immer so anbetend in die Länge. Ich knurre leise. Wer hat denn gelöhnt? Mein Kollege weist die Kinder darauf hin. Pflichtschuldig bedanken sie sich bei mir, aber längst nicht so ergriffen.

Die beiden letzten Unterrichtsstunden entfallen wegen einer Konferenz. Ich überbringe den Schülern die frohe Botschaft. Draußen, kaum noch in Rufweite, flaniert Kollege Specht mit einer attraktiven Oberstufenschülerin, die noch viele Fragen wegen des Abiturs hat, über den Schulhof. Obwohl es meine wertvollen Stunden sind, die ausfallen, rufen die Gören überwältigt aus dem Fenster: »Danke, Herr Spä-hächt!« Als wäre es sein persönliches Verdienst, dass sie früher ins Freibad kommen.

Wir sollten mal wieder eine Fete veranstalten. Finde ich. Das hebt die Stimmung und fördert den sozialen Zusammenhalt. Mein Kollege stimmt ungnädig zu. Wenn ich mit den Schülern alles organisiere, ist er bereit, an dem Abend mit Aufsicht zu führen. Wem danken die Kinder beglückt? Dreimal dürfen Sie raten. Und wem servieren sie am Party-Abend alle seine Leibgerichte? »Kosten Sie mal die Käsesahnetorte, Herr Spä-hächt!« – »Den Salat habe ich extra für Sie gemacht,

Herr Spä-hächt!« – »Wollen Sie wirklich keine Bulette mehr?«

Specht ist zum Repräsentieren und Gernhaben, ich bin – wie Mami daheim – für die lästigen Alltagspflichten zuständig. Außerdem für die Versäumnisse meines männlichen Kollegen. Wenn er sich auf einem Zeugnis vertippt, wenden sich die Kinder vorwurfsvoll an mich. Verspricht er den Schülern Fotos von ihrer Fete und hält die ein Jahr lang versteckt, fordern die Gören sie von mir ein. Wollte er ihnen Süßigkeiten für überfällige Klassenarbeiten mitbringen, reklamieren die Kinder sie bei mir. Wo sie mich entrüstet und vergrämt zur Rede stellen, säuseln sie und flöten, wenn Kollege Specht im Türrahmen erscheint. Klar, werden Sie denken, sie ist halt eine alte Megäre, und Specht ist jung, knackig und liebenswert.

Von wegen. Wir sind gleichaltrig, in Schüleraugen geradezu uralt (weil weit über dreißig), beide gleich dem Essen zugetan, beide erziehungsmäßig auf einer Linie. Und dennoch werden meine »Dienstleistungen« nicht so honoriert wie seine, obwohl ich viel schöner und geistreicher bin!

Auf einem Schulfest tanze ich mit einem Kollegen, zehn Jahre älter als ich, Vertrauenslehrer, umschwärmt und beliebt. Aus Jux klatschen wir ein Schülerpärchen ab, dessen weibliche Hälfte sofort selig am Hals meines Kollegen hängt, während der junge Mann mir leicht angeekelt um die Taille greift, um den Tanz fortzusetzen. Das Leben ist ungerecht!

An unserer Riesenschule gibt es genauso viele Lehrerinnen wie Lehrer. Aber wer übernimmt die Sozialarbeit? Wer organisiert Büfetts und Weihnachtsbasare? Wer bekämpft in Jungen- und Mädchengruppen antiquiertes Rollenverhalten? Genau, die Muttis, die Lehrerinnen. Und wen wählen die Schüler dafür zum Vertrauenslehrer? Und zu dessen Stellvertreter? Genau, die Vatis, die Lehrer.

Das Rollendenken macht natürlich bei den Kindern nicht halt. Wenn man als Lehrerin mit Eltern redet, passiert es häu-

Herr Specht ist einfach faszinierend!

fig, dass die ihre Antworten vertrauensvoll an den schweigend dabeisitzenden männlichen Kollegen richten. Oder sie fragen bei Elternabenden noch mal beim Kollegen Specht nach, ob es korrekt war, was ich in seiner Abwesenheit erzählt habe. Und hören sich andächtig genau dasselbe noch mal an. Von einem Mann vorgetragen, wiegen wichtige Worte einfach mehr. Als eine engagierte Kollegin den neuen, aber faden Sportlehrer ankündigt, seufzen die Eltern bewegt: »Endlich mal ein Mann! Wie schön.«

Mein Verstand erklärt mir geduldig, dass den Schülern und Schülerinnen eben männliche Bezugspersonen fehlen, warmherzige und gefestigte Persönlichkeiten. Davon gibt es leider nur wenige. Sagt mein Verstand. Aber mein Gefühl knurrt: Undankbare Gören!

Werbung in der Schule

»Erst kommt das Fressen, dann kommt die Moral!« Was wollte Bertolt Brecht uns damit sagen? Die Staatssäckel sind leer. Schulen können ihre stinkenden Klos nicht sanieren, ihre Stufenbarren und das Loch in der Turnhallendecke nicht reparieren. Schmuddelige Schulbücher wandern wieder durch ganze Generationen. In den Horten deutscher Bildung gibt es kaum noch Toilettenpapier und Seife, keine Grünpflanzen, Bilderrahmen oder neue Fußbälle. Da die Stelle des Medienwarts wegrationalisiert wurde, träumen defekte DVD-Player und Computer ungenutzt vor sich hin. Lehrer über siebzig schleppen sich zum Unterricht, weil kein Geld da ist, um pädagogischen Nachwuchs einzustellen.

Aber Hilfe naht! Lehrer und Eltern können getrost das Brötchenschmieren und Kuchenbacken für karitative Büfetts einstellen. Sie brauchen nicht mehr für Weihnachtsbasare zu häkeln und zu werkeln. Sie müssen nicht mehr für Fördervereine die Werbetrommeln rühren. Die Kinder müssen nicht weiter auf schulinternen Kulturabenden tingeln, um Klassenfahrten und Theaterkostüme zu finanzieren.

Früher war Werbung verpönt und hatte im Bannkreis von Schulen nichts, aber auch gar nichts zu suchen. Schleichwerbung! Ein Begriff, bei dem sich alle angewidert schüttelten. Aber heute, wo jeder Sportler seine Sponsoren am ganzen Körper spazierentragen darf und der Staat pleite ist, wird einem bei dem Gedanken doch ganz warm ums Herz, dass Firmen in den Schulen für Wohltaten sorgen wollen, wenn sie dafür ein kleines bisschen für ihre Produkte werben können.

Ungeahnte Geldsummen werden in die Schulen fließen!

Dafür müssen die Schüler nur im roten T-Shirt einer Soft-drink-Firma antreten und jeden Morgen fröhlich den aktuellen Werbeslogan aufsagen. So laut, dass es auch die Nachbarn hören. Dafür gibt es den ganzen Tag lang kostenlose Cola, Filzstifte und Hefte mit dem Firmenlogo. Dieses Emblem schmückt auch das triste Mobiliar und die ehemals kahlen Wände, soweit die Werbeplakate für Videospiele noch Platz lassen.

Die Lehrer tragen die dekorativen braunen Kittel einer Kaffeefirma und weisen auf allen Elternabenden darauf hin, wie belebend und doch schonend dieses Spitzengetränk sei. Der Schullautsprecher nervt nicht mehr mit langweiligen Durchsagen (»Die zehnte Klasse bitte umgehend zum Sportunterricht!«), sondern lockert die Stunde alle zehn Minuten durch Werbeblöcke auf. Wenn die Schule schon länger von der freien Wirtschaft gefördert wird, verfügt sie natürlich über große Projektionswände, auf denen die Werbespots auch visuell präsentiert werden.

Für Zigaretten und Alkoholika darf natürlich nur bei volljährigen Oberstufenschülern geworben werden. Die entsprechenden Verkostungen finden erst nach achtzehn Uhr statt, wenn die Kleinen mit ihren entzückenden Werbemützchen das Schulgelände verlassen haben. Diese gelbbraunen Mützen repräsentieren eine amerikanische Hackfleischfirma, die ihre Klopse auf dem deutschen Markt etablieren will. Im Sportunterricht gibt es dank der Sponsoren reichlich Fußbälle, Schuhe und Trikots, und niedliche Cheerleaderinnen wedeln mit ihren Pompons und bedanken sich lautstark bei dem großzügigen Spender.

Der Schultag beginnt mit gemeinsamen Sprechchören: Lehrer und Schüler lobpreisen die Sponsoren und ihre Produkte. Besonderes Engagement der Werbeträger wird mit schönen Prämien belohnt, etwa mit einer Reise zur Frikadellenfabrik in Wyoming. Die Firmen behalten sich Kontrollbesuche vor, ob das Lehrpersonal auch saubere Kittel trägt, die

Werbeblöcke ungekürzt laufen und die Schüler die Sprech-
chöre angemessen vortragen.

Natürlich bleibt all das nicht ohne Einfluss auf den Unterricht: Das Schulleben wird modern und zeitgemäß. Brain-
storming- und Kreativitätssitzungen stehen auf dem Plan,
Marketing-Analysen und Börsenspiele bereichern den Mathe-
matikunterricht. In Deutsch ersetzen wir die Sprache der
Lyrik durch die Sprache der Werbung, die Stilmittel sind dieselben. Statt »Geschichte der Weimarer Republik« lernen die
Schüler die »Geschichte der deutschen Aktiengesellschaften«.
In Musik werden Werbejingles komponiert, die Theater-AG
gestaltet Trailer für Jeans und Joghurtprodukte. Der Kunst-
bereich widmet sich der Werbegrafik und dem Produktde-
sign. Die Schulleitung teilt ein Großraumbüro mit den Sponsoren und analysiert jeden Montag die Einsatzbereitschaft
der Kollegen analog zu den Gewinnkurven der fördernden
Firmen.

Dafür gibt es nun auf den Toiletten der Schule Seife und
weiches Papier, einen Swimmingpool im Schulhof, Laptops
für alle, Internetzugang in jedem Klassenraum, Gesundheits-
beratung für Schüler mit den Folgeschäden einseitiger Ernährung, jede Menge Lehrer unter dreißig, ein gemütliches
Altersheim für pensionierte Kollegen, ausreichend Ausbil-
dungsplätze für alle Jugendlichen in den Sponsorenfirmen
und noch viel, viel mehr.

Werbung ist eine Wohltat! Die einzelnen Schulen sollten
das endlich einsehen und sich nicht so zieren, sondern in
einen munteren Wettbewerb eintreten, wer den fettesten Fisch
an Land zieht! Blühende Schullandschaften warten auf uns!
Wer zu spät kommt ...

Produktive Unruhe

Die Nachbarklasse wartet anscheinend auf einen Lehrer. Brüllen, Kreischen, Rumpeln, Poltern. In regelmäßigen Abständen wirft sich jemand gegen die Wand. Wir schreiben gerade eine Arbeit. Meine Schülerinnen und Schüler sehen mich vorwurfsvoll an. Sie könnten sich nicht konzentrieren, erklärt Julian, der lautstarke Abwechslung eigentlich sonst sehr schätzt. Allerdings nur, wenn sie von ihm ausgeht ...

Also pilgere ich nach drüben und gebe damit meinen Schülern die Gelegenheit zu klärenden »Rücksprachen«, was ich mit meinen Testaufgaben wohl gemeint haben könnte.

Nebenan tobt fröhliches Chaos. Ich stelle auf Bauchatmung um und brülle: »Seid ihr noch bei Trost?« Da erhebt sich aus dem Getümmel der Kollege Hemmelgarn, der mit einigen Schülern auf dem Fußboden gelegen hat, und fragt irritiert: »Was ist denn los? Hast du irgendein Problem?« Ich bitte um ein wenig Ruhe, weil wir gerade eine Arbeit schreiben. Es wird tatsächlich fünf Minuten lang etwas leiser. Dann kracht und johlt es weiter. Was soll ich tun? Mich noch mal unbeliebt machen? Hat nicht Kollege Hemmelgarn letztens auf einer Fachkonferenz so überzeugend erklärt, dass »produktive Unruhe« im Unterricht förderlicher sei als diszipliniertes Strammsitzen, vielleicht noch im Frontalzwangsverband?

Julian schreibt in der Arbeit eine Fünf. Das ist nichts Neues. Aber diesmal erscheinen seine Eltern und drohen mit der Schulrätin, der Presse und dem Elternverband. Schließlich habe ihr Kind unter unzumutbaren Bedingungen eine Leistung erbringen müssen. Die Fünf wird annulliert. Ich wiederhole zähneknirschend die Klassenarbeit. In einem anderen Raum.

Im Lehrerzimmer ärgern sich einige darüber, dass sie den Schülern wegen irgendwelcher Unterschriften und Materialien oft wochenlang hinterrennen müssen. Ein Hardliner erklärt sauer: »Beim dritten Vergessen müssen meine Schüler etwas abschreiben oder die Mensa aufräumen.« Kollege Hemmelgarn lächelt mokant: »Was für eine mittelalterliche Pädagogik!« Wenn seine Klasse in der Bücherei »arbeitet«, hat keine andere Gruppe eine Chance, etwas in Ruhe zu lesen. In äußerst »kreativer Unruhe« bewerfen sich seine Schüler hinter den Regalen mit brandneuen Deutschlektüren. In diesem selbstbestimmten Unterricht lernen die Kinder eine Menge über Erdanziehung und freien Fall.

In der Pause toben die liberal erzogenen Schüler im Flur weiter: Irgendwann liegt einer am Boden, ein anderer hält ihm drohend seinen Fuß übers Gesicht. Beide sehen verbissen aus. Die Aufsicht sortiert sie auseinander und informiert den Klassenlehrer Hemmelgarn. Er führt der Kollegin am nächsten Tag feixend seine beiden Kampfhähne zu und lässt sie beteuern, das alles sei doch nur Spaß gewesen. Anschließend empfiehlt er der Kollegin ein wenig mehr Humor im Schulalltag.

Spiel- und Sporttag im siebten Jahrgang. Kollege Hemmelgarn erscheint als Letzter mit seiner Klasse. Eigentlich mögen Siebtklässler Ballspiele und Wettkämpfe. Aber von den zweiunddreißig Schülern haben nur acht ihre Sportsachen dabei. Die anderen geben Fuß-, Frauen- und Rückenleiden als Entschuldigung an. Herr Hemmelgarn produziert zwei vorwurfsvolle Sätze: »Das finde ich jetzt aber gar nicht gut. Wer soll denn nun unsere Klasse beim Wettbewerb vertreten?« Dabei entfaltet er eine Zeitung und setzt sich bequem in eine Ecke. Die Kinder rennen voller Bewegungsfreude mit ihren Straßenschuhen über die Bänke. Ihr Lehrer murmelt: »Soll ich mich jetzt groß aufregen? Da bestrafe ich mich doch nur selber!«

Derselbe Kollege steht beim nächsten Wandertag desorientiert auf dem U-Bahnsteig. Da er vorher nicht besprochen hat, wie so eine Fahrt abzulaufen hat, ist ein Teil der Schüler bereits in die U-Bahn gestiegen, ein anderer Teil kauft am Kiosk Pommes und Kaugummis, der Rest wartet mit der Sozialpädagogin am Fahrscheinautomaten auf das Wechselgeld und wird diesen Zug ganz sicher nicht mehr schaffen. Kollege Hemmelgarn winkt hektisch, damit die voreiligen Schüler wieder aussteigen. Die Bahn fährt an, das letzte Kind springt aus dem Waggon und fällt hin. Gott sei Dank ist nichts passiert. Aber solchen Kollegen passiert seltsamerweise nie was, auch nicht, wenn sie auf Ausflügen im Eilschritt vorneweg marschieren und ihnen die Klasse blindlings über die Straßen folgt. Die Autos werden schon anhalten.

Dichterlesung. Der Schriftsteller kommt aus Israel, um deutsche Kinder über den Holocaust aufzuklären. Die Schüler sind still, betreten und traurig. Aber in der Runde von hundertfünfzig Besuchern gibt es auch einige, die ganz ungeniert quatschen. Ihr Lehrer Hemmelgarn sitzt viele Reihen hinter ihnen, damit er sich besser auf die Lesung konzentrieren kann. Der Autor aus Israel, der seine Familie im Dritten Reich verloren hat, ist ein weiser und humorvoller Mann. Sonst würde er diese Vortragsreisen quer durchs neue Deutschland kaum aushalten. Er bittet die Gruppe um etwas mehr Ruhe, aber das unterdrückte Kichern ist weiterhin zu hören. Ein Lehrer drängt sich endlich durch die Stuhlreihen nach hinten. Als er die Störer rausschickt, kommt es zu Streitereien und Unruhe. Am Ende der Veranstaltung tadelt ihn eine Anhängerin Hemmelgarns: »Du hast aber enge Toleranzgrenzen! Bei so einem Thema ist es doch ganz normal, dass die Kinder herumalbern und quatschen. Das ist einfach eine Art Abwehr, um sich von dem schrecklichen Thema abzulenken.« Wir anderen schweigen betroffen. Wer will schon mittelalterlicher und verständnisloser Pauker sein? Wir alle wollen schließlich die Schüler dort abholen, wo sie stehen oder manchmal auch liegen …

Im Gegensatz zu uns sind diese »progressiven« Kollegen wahre Menschenfreunde. Sich selbst gegenüber.

Winnetou und Nepomuk

Eine befreundete Lehrerin kam sichtlich erschüttert aus ihrer neuen Klasse und berichtete von einer Schülerin, die Mona Lisa Klumpe hieß. Wenig später tauchten in ihrer Klasse noch die Zwillinge Falk und Wolf und ein Mädchen namens Raute auf. Seitdem sammle ich Namen, die das angestrengte Bemühen von Eltern verraten, ihr Produkt möglichst einzigartig und originell zu benennen.

Dafür gibt es historische Vorbilder: Zuckmayer soll seine Tochter auf den Zweitnamen Winnetou getauft haben. Die Anhänger der russischen Revolution nannten ihre Kinder Lenina und Wladlen (aus: Wladimir Lenin), Traktor und Revolucija und ein paar Jahre später, im Zeichen des sozialistischen Fortschritts, Sputnik, Maschine oder Rakete.

Laut Presseberichten gibt es bei uns störrische Standesbeamte, die nicht alles dulden: beispielsweise Jesus als Zweitname für Mädchen oder Pumuckl, aber ansonsten lassen sie eine Menge durchgehen. Das Kind von meinem Zahnarzt heißt Nepomuk.

Viele Namen stammen aus dem Bereich der Popmusik: Eine Madonna habe ich zwar noch nicht in meiner Liste, aber jede Menge Roys, Ringos, Brians und Elvisse. Auch Varianten aus der ernsten Musik finden sich: Jutta-Tosca, Sonata, Kadriye (gesprochen wie »Quadrille«) oder Tuba. Selbst geografische Phänomene laufen in Schülergestalt herum: Volkan und Tayfun. Gut, das sind türkische Schüler, nichtsdestotrotz bedeuten ihre Namen Vulkan und Taifun. Bei türkischen Mädchennamen stieß ich auf Buket, Sultan und Kismet.

Eltern greifen in die Gewürzkiste und nennen ihr Kind Thymian. Warum nicht gleich Oregano und Parmesan? Beliebte Fundgruben sind Flora, Fauna und Erdkunde: Tulipan, Birke, Christrose, Wilderich, Linde, Sienna und Savannah kommen dabei heraus.

Eltern wälzen nicht nur in Bibeln und anderen religiösen Schriften nach Noahs, Balthazars und Cosma Shivas, sondern auch in alten Sagen und Geschichtsbüchern. Und sie werden fündig: Cassandra, Kleopatra (mit Nachnamen: Pratzschwitz), Minerva, Ariadne und Indira heißt dann der Nachwuchs. Frei assoziiert nach historischen Vorbildern flitzen Justian, Cassian und ein kleines Mädchen namens Che durch die Klasse. Ob die Eltern selber gern so beknackte Namen tragen würden?

Besonders gut gefallen mir klangvolle Varianten, bei denen man merkt, dass sich die ganze Familie Mühe gegeben hat: Jennifer Jennings, Buster Busch, Kurt-Lutz oder Ingo-Lutz. Das zergeht einem förmlich auf der Zunge und klingt wie eine schöne Melodie: Anne-Suse, Laura-Larissa, Cemal-Kemal oder Joey-Blue. Bei Zwillingen kann man sich auch gut austoben: Max und Moritz, Zoë und Chloë. In England wollte jemand seine Kinder angeblich Fish und Chips nennen. Wie wäre es mit Asterix und Obelix? Tick, Trick und Track?

Leider finden sich auserlesene Vornamen oft mit ganz schnöden Nachnamen gekoppelt: Sven-Kevin Müller oder Tamara-Aphrodite Fuchs. Aber das Kind kann sich bei der Heirat ja einen schönen Doppelnamen zulegen. Wie es zum Beispiel Orlando-Merlin Hegenbarth-Eimer oder Dana-Victoria Hirschmann-Flegel gelungen ist.

Fernweh und Sehnsucht nach Exotischem brechen sich in manchen Kindernamen ungehemmt Bahn: Elodie, Luna, Jade-Yasmin, Scarlett und Ribanah. Pirmin und Linus Leander. Schade nur, wenn man nicht weiß, dass »Madlen« und »Jaklin/Jakkeline« eigentlich französisch sind und sich ein klein wenig anders schreiben. Dummerweise müssen manche kleine Mädchen mit russischen Männernamen wie Kolja und Nikita herumlaufen. Hauptsache, originell.

Apropos originell: Es war einmal ein Ehepaar, das zeugte sieben Kinder. Entzückt von ihrer Verbundenheit gaben sie jedem Kind eine Mischung aus ihrer beiden Vornamen (Ingrid und Herbert) mit auf den Weg: Alle Töchter hießen mit Zweitnamen Hergrid und alle Söhne Ingbert.

Manchmal haben die kreativen Eltern allerdings Pech, und ihr einzigartiger Vorname taucht als Massenepidemie auf, je nachdem, wie beliebt der Schlagersänger oder die Schauspielerin war: Dann heben, wenn der Lehrer ruft, immer gleich drei Doreens, Mandys und Enricos den Kopf oder – je nach Lage des Bundeslandes – Lauras, Ginos und Florians. Auch in anderen Ländern gibt es das Bemühen um schöne Namen: In einem dänischen Filmabspann entdeckte ich eine »Paprika«, in amerikanischen Filmen eine »Bära« und ein(e) »Mädchen«. Die Kinder können sich ja umtaufen lassen, wenn sie volljährig sind.

Nachdem ich nun zwei Jahre lang eine »Sanella« und eine »Kader« unterrichten durfte, habe ich mir selber ein paar hübsche Varianten überlegt und stelle sie Ihnen gegen eine geringe Gebühr gerne zur Verfügung. Für eine Tochter eignen sich: Polka, Mazurka, Nivea, Nugat, Koralle, Mortadella, Lawine, Opal, Garage oder Kettensäge. Für einen Sohn empfehle ich Spagat, Balkon, Hurrikan, Krokant, Brikett, Filet, Katapult, Persil, Diamant oder Gulasch.

Anmerkung: Aus Gründen des Daten- und Persönlichkeitsschutzes habe ich natürlich bei Nennung von Vor- und Zunamen die Nachnamen klanglich verfremdet, ihre phonetische Einzigartigkeit jedoch zu wahren gewusst.

Kulturgenuss

»Himmel, müsst ihr euch wie die letzten Proleten aufführen?«, fauche ich böse.

Luise sieht mich betroffen an: »Was sind denn Proleten?«

Meine achte Klasse sitzt gerade bei einer öffentlichen Konzertprobe in der Philharmonie. Glücklicherweise sind wir die einzigen Zuhörer. Einige meiner Schüler haben die Knie gegen die Vordersitze gestemmt und wollen gerade ihre Chipstüten auspacken.

»Woher sollen wir denn wissen, wie man sich hier benimmt?«, fragt Milan.

Unten fangen die Streicher an, ihre Instrumente zu stimmen, oben im Rang erkläre ich in Kurzfassung, was ein Kulturkonsument zu beachten hat.

Das geschah in meiner Anfangszeit als Lehrerin, als ich manchmal etwas überrascht war, was für Ideen Jugendliche so entwickeln. Das passiert mir heute natürlich nicht mehr. Vor jedem Gang in die Öffentlichkeit gibt es genaue Instruktionen: »Und benehmt euch anständig! Ich will diese mitleidigen Blicke nicht ernten, nur weil ich als Lehrerin mit einer Klasse ins Theater gehe!«, beende ich meine Predigt.

»Is ja gut«, mault Maximilian. »Wir geben Mäntel und Koffer an der Garderobe ab, wir machen keine Kaugummiblasen und werfen nicht mit Popcorn.«

»Wir sollen keine blöden Kommentare abgeben«, merkt Stefanie grinsend an.

»Wir sind pünktlich da, und wenn wir zu unserem Platz wollen, drehen wir den Leuten beim Vorbeigehen nicht den

Auspuff zu«, ergänzt Benni. »Wir lachen und applaudieren nur, wenn die Erwachsenen das auch machen!«

»Wir schalten unsere Handys aus, wir lassen den MP3-Player daheim. Wir blamieren Sie schon nicht, Frau Frydrych!«

Ich bin beruhigt. Nichts hasse ich mehr, als im Theater in die Nähe einer fremden Schulklasse zu geraten, die man gewaltsam zu »Nathan, dem Weisen« verpflichtet hat. Mit anschließender Leistungskontrolle. Und deren Lehrer zehn Reihen entfernt sitzen, damit ihr eigener Kulturgenuss nicht durch das Gekicher und Getuschel ihrer Zöglinge gestört wird.

Dann kommt unser feierlicher Abend. Wir sehen ein modernes Theaterstück. Ich habe zugegebenermaßen Probleme mit »Zerbrochenen Krügen«, faustischen Abenteuern und Schillers Jugendsünden. Ich jage Schüler ungern in Stücke, die mir selber nicht gefallen. Ja, ich weiß, damit habe ich PISA mit verursacht. In Finnland und Korea gehen die Klassen bestimmt wöchentlich in Stücke wie »Emilia Galoppi« und »Tornado Tasso«.

Meine Schüler haben sich nett angezogen. Die Mädchen zuppeln an den ungewohnten Kleidern, die Jungen an den Krawatten herum, die Mami ihnen aufgezwungen hat. Als wir auf unsere Plätze wollen, müssen wir über diverse Rucksäcke steigen. Vor uns sitzen zwei Damen in schwarzen Seidenkleidern, die gerade ihren Tupperschüsseln Stullen und Radieschen entnehmen. Der nächste erstaunte Schülerblick trifft mich. »Die sind sicher direkt aus dem Büro hierhergekommen!«, erkläre ich leise.

Das Stück beginnt. Ein maskierter Schauspieler flüstert wichtige Details ins Publikum. Da schiebt sich ein verspätetes Pärchen durch die vordere Reihe, zieht umständlich seine Nerze aus und debattiert darüber, wer wo sitzt. Mein Schüler LeeRoy macht laut und deutlich: »Pschscht!«

Während die Heldin ihre unglückliche Liebe durchleidet,

beginnt um uns herum ein Hustenkonzert. Und zwar nicht dezent und unterdrückt, sondern völlig laut und ungehemmt. Feine Herren schnauben befreit in ihre Taschentücher, ältere Damen rascheln mit Bonbonpapier und lassen ständig ihre Handtaschen auf- und zuschnappen.

Der Mann hinter uns muss schwerhörig und blind sein, denn seine Partnerin erklärt ihm detailliert, was auf der Bühne gerade passiert: »Jetzt kommt gerade dieser – wie heißt denn gleich der Schauspieler? Na, du weißt schon. Der aussieht wie Horst Buchholz. Mann, der ist ja sturzbetrunken. Jetzt nimmt er eine Pistole und …!« Da fällt ihr die Handtasche runter, und alle Pastillen und Lippenstifte rollen meiner Klasse vor die Füße. Ich rechne es meinen Schülern hoch an, dass sie die Gegenstände nicht mit dem Fuß weiter durchs Parkett schießen, sondern dezent aufheben. Auch das rasselnde Schlüsselbund.

Ich glaube, als Schauspielerin hätte ich spätestens beim Handyklingeln beleidigt die Bühne verlassen und mich geweigert, je wieder rauszukommen.

In der Pause betrachten meine Schüler interessiert die anderen Zuschauer, die vom Abendkleid bis zu Springerstiefeln und Jogginghose alles kleidungsmäßig Mögliche vorführen. Jasmin berichtet begeistert von ihrem Sitznachbarn, der von seiner Leibesfülle her eigentlich zwei Plätze hätte bezahlen müssen und leise neben ihr schnarchte, bis ihn die Gattin ins Bein kniff. Eric sitzt neben einer Knoblauchwolke, und Svenja schmerzt der Kopf von all den schwülstigen Orientparfüms um sie herum.

Am nächsten Tag schreibt Anton in sein Deutschheft: »Im Theater gibt es strenge Regeln, die gelten allerdings nur für Schulklassen. Die Erwachsenen können sich benehmen, wie sie wollen.«

Mea culpa, mea maxima culpa

Wer ist schuld am Alkoholismus? Skrupellose Winzer und Brauer! Wer ist schuld an Raucherlungen und Fettleibigkeit? Geldgierige Ärzte! Die steigende Kriminalität geht aufs Konto unfähiger Polizisten, Staatsanwälte und Richter. Und wer ist schuld an der »neuen« Bildungsmisere? Keine Frage: der deutsche Lehrer. Leistungsmäßig Lichtjahre entfernt vom koreanischen oder finnischen Lehrkörper, weil er sich nicht fortbildet und immer älter wird. Der trotz üppigen Gehalts und angenehmster Arbeitsbedingungen verstockt und unwillig ist. Ausländischen und sozial benachteiligten Kindern hinterhältig alle Bildungschancen vorenthält. Nicht mit den Kindern Texte erschließt und Prozentzahlen berechnet, sondern ...

Ja, was machen die deutschen Lehrer eigentlich all diese Jahre, die ihnen unsere Kinder ausgeliefert sind? Die Presse weiß es: Die einen unterrichten immer noch wie vor hundertfünfzig Jahren und sind nicht bereit, sich modernen Zeiten anzupassen, und die anderen, die bösen Achtundsechziger, wollen den lieben langen Tag nur diskutieren und in sich hineinhören und lehnen die Werte des Abendlandes rigoros ab.

Auch ich bin schuld an der deutschen Bildungsmisere. Unfähig, faul und »ausgebrannt«. In den letzten Ferien bin ich zum Beispiel ins benachbarte Ausland gefahren, anstatt mich – wie in allen anderen Berufen üblich – im Urlaub fortzubilden. Im letzten Halbjahr habe ich häufig Frontalunterricht durchgeführt und weder Stuhlkreise noch andere demokratische Lernformationen gebaut. Wo doch bereits eine veränderte Sitzordnung und die Gruppenarbeit mit den kippelnden und stänkernden Nachbarn einen enormen Lernzuwachs bedeuten. Ich gestehe: Ich habe die pädagogische Heilslehre, die Klippert-Methode, nur selten zur Anwendung gebracht.

Nicht immer habe ich motivierende Extraaufgaben und fächerübergreifende Projekte für meine kleinen Hochbegabten, für die Kinder nichtdeutscher Herkunftssprache, für die Legastheniker und für die armen Ritalinschlucker entwickelt. (Ritalin ist ein wunderbares Psychopharmakon, das Eltern ihren zappligen Kindern in den Schlund stopfen, um sie einige Stunden lang ruhigzustellen. Man könnte stattdessen auch mal den Fernseher oder den Computer ausschalten, aber das stört nur die Familienharmonie.)

Tatsächlich müssen die vierunddreißig Kinder meiner siebten Klasse einfach oft zur gleichen Zeit dasselbe tun. Und manchmal lasse ich sie wochenlang nicht im Internet surfen. Ich weiß, das ist entsetzlich und hemmt ihren Lernzuwachs so sehr, dass sie weit hinter armen Schwellenländern auf der Strecke bleiben.

Auf dem ersten Elternabend höre ich viele Vorwürfe, weil ich meine Hausaufgaben nicht erledigt habe: genug unbeschädigte Stühle für die vierunddreißig Kinder aufzutreiben, die Wände neu zu streichen, Klamottenterror und Mobbingbereitschaft in der Klasse zu dämpfen, religiöse und politische Toleranz zu erkämpfen und für eine wirksame AIDS-Prophylaxe zu sorgen. Noch immer fehlen etlichen Kindern die rudimentärsten Umgangsformen und Ausdrucksmittel. Ihr Bewegungsapparat degeneriert unter meiner Aufsicht.

Trotz meiner lockeren Halbtagstätigkeit und der vielen Schulferien ist es mir bisher nicht gelungen, die schlechten Ernährungsgewohnheiten meiner Schüler zu verändern, die Schultoiletten zu renovieren und suspekte Schulfremde fernzuhalten. Manchmal schaffe ich es auch nicht, als Medienclown durch die Klasse zu wirbeln, um sekundenlang mit den Fernsehgewohnheiten der lieben Kleinen konkurrieren zu können. Stattdessen langweile ich sie mit Grammatikregeln und dem Grundgesetz zu Tode.

Mein Unterricht und die Sprachfähigkeit meiner vierunddreißig Schüler wären mit Sicherheit besser, wenn der Schulrat und die Inspektoren öfter zur Kontrolle vorbeikämen und ich mich viel mehr von begnadeten schulfernen Experten fortbilden ließe: »Durch Selbstevaluation und Selbstmotivation zur Selbstkompetenz«. Stattdessen quäle ich mich in Selbstvorwürfen, wenn im Treppenhaus der Schulleiter demonstrativ mit dem Klassenbuch wedelt. In Geschichte liege ich weit hinter Napoleon zurück, und in Deutsch wäre längst die Komik in Kleists »Zerbrochenem Krug« dran. Stattdessen habe ich wieder die Zeit in der Klasse damit vertrödelt, geklaute Portemonnaies aufzuspüren, Streithähne zu beruhigen, Graffiti-»Künstler« zu stellen und Ethik im Umgang mit anderen zu vermitteln (»Du schwule Sau, du bist ja voll behindert!«).

Glücklicherweise zeichnen sich erste Lösungsansätze am Horizont ab: etwa die ganztätige Präsenzpflicht der Lehrer an den Schulen. Wenn sich alle Pädagogen täglich zehn Stunden in vollen Klassen und engen Lehrerzimmern herumdrücken würden, wäre der Erfolg deutscher Bildungseinrichtungen im internationalen Vergleich immens! Und wie in allen übrigen Berufen erhöhen sich Leistungsbereitschaft und Motivation der Beteiligten erheblich durch regelmäßige Arbeitszeiterhöhungen, verstärkte Kontrollen, Weihnachtsgeldkürzungen und öffentliche Beschimpfungen! Wir Lehrer müssen uns endlich mehr bemühen! Woran sonst liegt der deutsche Bildungsnotstand?

Engagiert und kritisch

Frau Mahnke hat ein paar Semester Kunstwissenschaft studiert, aber wegen Max und Chantal das Studium aufgegeben. Sonst wäre sie Lehrerin geworden – und was für eine! Als hauptamtliche Mutter setzt sie nun ihre ganze Energie für die Erziehung ihrer Kinder und deren Lehrer ein. Letzteren fehlt bekanntlich jede Kontrolle, deshalb muss Frau Mahnke ihnen auf die Finger schauen (und zur Not auch hauen). Sie hat schließlich nebenbei eine Vorlesung Pädagogik gehört.

Misstrauen steht ihr ins Gesicht geschrieben, wenn sie in der Schule auftaucht. Egal, worum es sich handelt, man muss zunächst einmal von pädagogischer Bequemlichkeit, Unfähigkeit und Niedertracht ausgehen. Ob es die Methode zum Lesenlernen, die Sitzordnung oder die Hefterfarbe ist – alles muss mit Argwohn betrachtet und hinterfragt werden. Aber Achtung! Frau Mahnke lässt sich nicht von freundlichen Worten einlullen. Ein Lehrer muss stichhaltig begründen können, was er tut.

Chantal ist vor Kurzem eingeschult worden. Sie hat eine ganz junge Klassenlehrerin bekommen. Zierlich und kaum größer als die Schüler. Mit honigblondem Pferdeschwanz und engen Jeans. Die wurde wahrscheinlich gleich nach dem Abitur eingestellt. So jugendlich, wie sie aussieht, kann sie gar nicht studiert haben. Typisch Lehrer: Kaum der Schule entwachsen, wollen sie flugs wieder zurück in deren muffige Geborgenheit. Frau Mahnke weiß doch, was für Leute Lehrer werden: verkorkste Musterschüler, die sich perverserweise in der Schule wohlgefühlt haben und im »wahren« Leben keinen Fuß auf den Boden bekommen. Weil sie in der freien

Wirtschaft gescheitert wären, gehen sie in die Schule zurück und quälen unschuldige Kinder.

Der erste Elternabend findet in der Aula statt. Frau Mahnke ist ein wenig enttäuscht, hatte sie doch nach diversen Stunden im »Lehrerfeind-Chatroom« darauf gehofft, dass sich die Eltern in kleine Kinderstühle zwängen müssten und von einer erhöht sitzenden Lehrerin über ihre Aufgaben aufgeklärt würden. Gern hätte sie diese entwürdigende Situation für ihren ersten Protest genutzt. Schade. Aber es werden sich genug andere Gelegenheiten finden, der Klassenlehrerin die Meinung zu sagen. Frau Mahnke betrachtet die grazile Frau sehr skeptisch. Gerade für den Anfangsunterricht hätte sie sich eine erfahrenere Lehrkraft gewünscht, die weiß, was sie will. Nicht so ein kleines Mädchen, das unsicher vor den Eltern steht und Mühe hat, gegen den lamentierenden Chor anzukämpfen.

Es geht um das »Mutti-Heft«. Einige Eltern kichern über die alberne Bezeichnung, andere schwenken triumphierend ihr kleines Vokabelheft, das sie längst im Fachhandel erworben haben. Da steht vorn wirklich »Mutti-Heft« drauf. Ins »Mutti-Heft«, das die Vatis wohlwollend aus dem banalen Erziehungsgeschäft heraushält, schreibt die Lehrkraft Lobe, Termine, Versäumnisse und kleine Briefe: »Vanessa kann das A und das B schon auseinanderhalten! Fein.«

Manche Eltern wünschen sich das Mutti-Heft mit Linien, andere hätten es lieber klein kariert. Einige fordern, dass jeder Lehrer jeden Tag in jedes Heft ausführliche Beurteilungen einträgt. Nach PISA muss man schließlich unentwegt alles messen und überprüfen.

Frau Mahnke denkt, dass die Junglehrerin wahrscheinlich ohnehin bald schwanger wird und auf Nimmerwiedersehen verschwindet. Noch schöner als eine kompetente, etwas ältere Lehrerin wäre allerdings ein gestandener Lehrer gewesen. Männer strahlen diese natürliche Autorität aus, die Frau Mahnke so schätzt. Seit ihr Geschiedener seine Kinder anderswo zeugt, fehlt Klein-Chantal das männliche Element, das sie auf ihrem Weg zum Frausein so dringend als Gegenpol braucht.

Im Verlauf des Elternabends kann es sich Frau Mahnke nicht verkneifen zu fragen: »Warum haben unsere Kinder eigentlich keinen männlichen Klassenlehrer bekommen? Immer werden sie nur von Frauen umgeben und erzogen! Außerdem müsste man so einer jungen Kollegin doch einen Supervisor an die Seite stellen! Haben Sie überhaupt Erfahrung mit Erstklässlern?«

Zustimmendes Gemurmel kommt auf, die mädchenhafte Lehrerin errötet ein wenig, der anwesende Schulleiter beschwichtigt und verweist auf die exzellenten Examensnoten der neuen Kollegin.

»Na, wir werden ja sehen!«, sagt Frau Mahnke zu ihrer Nachbarin und nimmt sich vor, besonders wachsam zu sein. Chantal ist schließlich kein Übungsobjekt.

Dann fordert Frau Mahnke die Erstellung einer Telefonliste. Sie schätzt den Gedankenaustausch mit anderen Müttern sehr. Man erfährt dabei viel Interessantes über die Kinder, den Unterricht und vor allem über die Lehrer. Sie nimmt sich vor, bald einen Elternstammtisch zu gründen, natürlich ohne die Lehrkraft. Bei ihrem Sohn Max war das sehr nützlich, um Maßnahmen gegen die Willkür und Faulheit der Lehrer zu treffen. Ihr Ex-Mann tat das gern als »Tratscherei« ab. Aber dem war die schulische Zukunft seiner Kinder ohnehin egal. Er vertrat die abwegige Ansicht, dass Kinder und Lehrer besser klarkommen, wenn die Eltern sich nicht in alles einmischen.

Da Chantals Grundschule gleich um die Ecke ist, sieht Frau Mahnke dort öfter mal nach dem Rechten. Ihr Sohn Max hat in seiner Grundschulzeit einen Apfelbutzen an den Kopf bekommen, und die Aufsicht führende Lehrerin hat das nicht gesehen! So musste Frau Mahnke Strafanzeige gegen Unbekannt stellen. Natürlich hat die Lehrerin dafür auch eine

Dienstaufsichtsbeschwerde bekommen. Aber man konnte ihr leider nichts anhaben. Sie war nachweislich damit beschäftigt, einen Sechstklässler zu entwaffnen, als der Apfelbutzen Max am Hinterkopf traf. Chantalchen soll so etwas nicht passieren!

Wenn Frau Mahnke Chantal von der Schule abholt, wartet sie immer auf die Klassenlehrerin. Das dauert eine Weile, denn die Frau bummelt ganz schön, obwohl sie ja vermutlich zum Tennisplatz will ... Endlich kommt sie mit vier Taschen, einem Rucksack und einem Heftstapel aus dem Gebäude und wirkt ein wenig abweisend, als Frau Mahnke mit ihr sprechen will. Ob sie nicht mal einen Termin ausmachen sollten, um alles in Ruhe zu bereden?

»Es geht ganz schnell!«, sagt Frau Mahnke. Und fragt nach, warum immer noch keine Klassenarbeiten geschrieben werden, warum in Chantals Hausaufgaben das Wort »Prinzesin« nicht korrigiert worden ist, wieso der Tuschkasten nicht in der Schule bleiben kann und wie sie als Mutter Chantals Übergang ins Gymnasium vorbereiten könne.

»Aber die Kinder sind doch gerade erst eingeschult worden«, entgegnet die Lehrerin entsetzt.

Frau Mahnke hat es gleich gewusst: so eine Kuschelpädagogin, die mit den Kindern nur auf Decken im Klassenraum rumliegen und »diskutieren« will. Das erspart ihr natürlich lästige Vorbereitungen und Korrekturen! Frau Mahnke nimmt sich beherzt vor, in den nächsten Jahren keinen einzigen Kuchen für die Schule zu backen.

Eines Tages gibt die Klassenlehrerin vor, es besonders eilig zu haben, und lässt Frau Mahnke mit einer kurzen Entschuldigung einfach auf dem Schulhof stehen. Eine Unverschämtheit! Darüber wird sich Frau Mahnke beim Rektor beschweren. Bei der Gelegenheit kann sie auch gleich nachfragen, wieso die Kinder noch nicht multiplizieren können, wann endlich die Klassenfahrt nach Japan stattfindet und was aus der frühen »Begegnung mit der Fremdsprache Englisch« werden soll, wo doch die vorgesehene Fachkraft seit Monaten der Schule fernbleibt und krankfeiert. Ist Herr Schnabel vom »Abendblatt« nicht auch Vater in der Klasse? Ein kleiner Hinweis auf enge Beziehungen zur Lokalpresse soll sich auf unwillige Schulleiter sehr motivierend auswirken.

Diese und andere nützliche Erfahrungen hat Frau Mahnke in all den Kämpfen um ihren Erstgeborenen erworben. Max ist hochbegabt. In einem Illustriertentest hat er einen IQ von 190 erreicht. Eigentlich könnte er jede zweite Klasse überspringen, aber seine Lehrer verweigern das und verweisen auf Max' angebliche soziale Unreife und Verspieltheit. Den durchschnittlichen Lehrern wächst der Junge mit seiner Intelligenz einfach über den Kopf. Deshalb müssen sie ihn klein halten. Sie wollen nicht verstehen, dass sein Gezappel und seine Aggressivität daher rühren, dass Lehrer und besonders Lehrerinnen ihn zu Tode langweilen.

Am Ende seiner Grundschulzeit bekommt Max nur eine Realschulempfehlung. Der Klassenlehrer hat noch die Frechheit, der protestierenden Mutter eine Gesamtschule vorzuschlagen. Bevor Frau Mahnke ihren Rechtsanwalt aufsucht, lässt sie Max bei einer befreundeten Psychologin testen. Die kommt zwar nur auf einen mittleren IQ-Wert, will aber eine vorliegende Hochbegabung trotzdem nicht ausschließen. Wahrscheinlich ist Max' Intelligenz durch die ständige Unterforderung in der Grundschule so extrem gesunken. Es ist allerhöchste Zeit, dass er Gymnasialfutter bekommt. Elternwunsch geht vor Lehrerempfehlung, und da auch die Gymnasien mit dem Geburtenrückgang zu kämpfen haben, wird Max trotz der Fünf in Mathe aufgenommen.

Allerdings sind die Unterrichtsbeamten am Gymnasium wesentlich schlimmer als die Grundschullehrer. Sie verschanzen sich hinter ihren dicken Fachbüchern und tun immer äußerst beschäftigt. Der Geschichtslehrer weigert sich, zum Elternabend zu erscheinen – mit der albernen Begründung, er habe insgesamt fünfzehn Klassen und könne nicht überall hingehen. Die Herren Studienräte halten Max für überfordert und wollen ihn nicht gezielt motivieren, damit er sein Potenzial entfalten kann. Der Klassenlehrer wühlt im Schülerbogen rum und verkündet, dass Max das Probehalbjahr nicht bestehen wird. Er hätte ja schon in der Grundschule deutliche Leistungsdefizite gezeigt.

Der Rechtsanwalt empfiehlt Frau Mahnke eine Klage. Und das Verwaltungsgericht entscheidet, dass die eine Sechs in Mathe nicht vom Schüler zu verantworten ist. Max hatte unentschuldigt gefehlt und dafür in einer Klassenarbeit null Punkte erhalten. Nach dem neuen Schulgesetz hat er jedoch das Recht, diese Arbeit nachzuholen, selbst wenn er den Nachschreibtermin noch dreimal unentschuldigt versäumt. Das Gerichtsurteil erlaubt Max, am Gymnasium zu verbleiben.

Frau Mahnke befürchtet nun, dass die Lehrer ihn aus Rache sitzen bleiben lassen. Seither führt sie genaue Protokolle, wann welcher Unterricht ausfällt, und wird sich mit dieser Statistik rechtzeitig an ihren Freund, den Lokalredakteur, wenden. Der pflegt Lehrern gegenüber eine besondere Antipathie, seit er das zweite Staatsexamen für das Lehramt nicht bestanden hat.

Abends begibt sich Frau Mahnke wie üblich in ihren Lieblings-Chatroom und tauscht mit anderen engagierten Eltern Erfahrungen und Tipps aus, wie man über Lehrerlaunen und Machtmissbrauch obsiegt. Ihr journalistischer Freund hat ihr geraten, darüber ein Buch zu schreiben. Der Markt würde nach solchen Offenbarungen aus kompetenter Hand geradezu schreien.

Gibt es heut kein Hitzefrei?

Der stellvertretende Schulleiter hat die Saison eröffnet: Er entlässt die Kinder bei zweiunddreißig Grad zwei Stunden früher ins Freibad. Falls sie bei all den Schließungen und Sparmaßnahmen noch ein offenes Schwimmbad finden. Kaum blinzelt nun morgens die Sonne durch die Frühnebel, drücken sich die ersten Kinder ganz unauffällig vor dem Schulsekretariat herum. Die Badesachen auf dem Rücken versteckt, schielen sie nach dem offiziellen Thermometer. Fragen ganz höflich und bescheiden: »Gibt es heute Hitzefrei?« Die Sekretärin lacht. Es sind schließlich erst fünfzehn Grad Celsius. Sie hat sich ihre Strickjacke umgelegt.

Mittags lacht die Sekretärin nicht mehr. Bis dahin haben ihr nämlich ungefähr sechshundert Schülerinnen und Schüler diese Frage gestellt. Verstohlen reiben die Kinder am Thermometer. Unter den Augen des Hausmeisters kann man leider das Feuerzeug nicht dran halten, wie es der große Bruder von Florian empfohlen hat. Lustlos schleppen sich die Schüler in die Klassenräume. Keine Stunde beginnt ohne die existenzielle Standardfrage: »Gibt's heute wirklich nicht Hitzefrei?«

Schüler wollen bei tropischen Temperaturen von fünfundzwanzig Grad keine Arbeiten schreiben, wollen nicht den langen Weg zur Tafel auf sich nehmen. »Muss ich wirklich?« Selbst das Anheben eines Bleistiftes fällt unendlich schwer. Ermattet sinkt das Köpfchen auf die Tischplatte. Widerstandsfähigere Kinder können sich noch mit ihren Heften ein wenig Luft zufächeln. Sehnsüchtig wandert der Blick nach draußen. Wird die Sonne nun endlich den Nebel durchbrechen und die Stadt zum Kochen bringen?

Mitten im Matheunterricht platzt es aus Anna heraus: »An der Hape-Kerkeling-Grundschule hätte es jetzt schon längst Hitzefrei gegeben!« Tumult bricht aus, die Lehrerin sprüht sich verstohlen etwas Thermalwasser ins Gesicht. Die Tür zum Flur ist geöffnet, damit die dicke Luft ein wenig zirkulieren kann. Jeder Kollege und Schüler, der draußen vorbeigeht, wirft einen interessierten Blick ins Geschehen. »Können wir nicht draußen Unterricht machen?« Eine blendende Idee!

Die Mathelehrerin führt in eindeutiger Geste ihren Zeigefinger in Richtung Stirn: Schüler, die träge irgendwo im Gras rumliegen und sich sonnen, und ein erhitzter Lehrkörper, der unterm Lindenbaum gegen den Lärm vom Sportplatz und von der benachbarten Baustelle anschreit. Feixende Schüler im Rücken, die aus unerfindlichen Gründen gerade eine Freistunde haben und zusehen.

Leises Surren dringt aus den hinteren Bankreihen. »Was ist das denn?« Böse entwindet die Lehrerin Anna einen Miniventilator. Batteriebetrieben, mit einer Schnur zum Umhängen. Die Lehrerin lässt das Gerät flugs in der eigenen Tasche verschwinden. »Den bekommt deine Mutter am Elternsprechtag zurück!« – »Im Winter brauche ich ihn aber nicht mehr!«, sagt Anna sauer.

Sechste Stunde. Noch immer keine Rettung in Sicht. Der Klassenlehrer grinst mitfühlend. Soll er den Kindern sagen, dass die Schulleiterin ein Büro auf der schattigen Seite der Schule hat? Und sommerliche Temperaturen überaus liebt, weil sie dann in ihrem Zimmer endlich mal den Mantel ausziehen kann?

Allerdings gibt es Tage, an denen sich auch die Schulleiterin nach der sechshundertsten Schüleranfrage geschlagen gibt und zum Schullautsprecher wandert. Tausend Köpfe fahren hoch, wenn es im Gerät leise raschelt. Endlich kommt die heiß ersehnte Ansage: »Die Mittelstufe hat heute nach der sechsten Stunde Schluss.« Vermutlich denkt die Schulleiterin jetzt geschmeichelt, der Jubelschrei aus tausend Kehlen gelte ihr persönlich. Aus den kühlen Kellerräumen steigt der tiefe Groll der Oberstufe empor. Ab Klasse elf gibt es kein Hitzefrei mehr.

Im stickigen Verwaltungstrakt trifft sich das Kollegium zu nachmittäglichen Fach- und Zensurenkonferenzen. In einem engen Raum hockt es vertraulich aufeinander, ein wahres Vergnügen bei dreiunddreißig Grad. So manches Deo hat versagt. Hier darf die Tür für etwas Durchzug nicht geöffnet werden, weil ein verirrter Schüler im Flur wichtige Betriebsgeheimnisse aufschnappen könnte. Der Tisch steht voller warmer Seltersflaschen, und die Mathelehrerin freut sich diebisch, als sie in ihrer Tasche Annas batteriebetriebenen Miniventilator findet.

Der abendliche Wetterbericht verspricht eine drastische Abkühlung. Macht nichts. Am nächsten Morgen stehen die Schüler wieder vor dem Sekretariat und reiben heimlich am Thermometer.

Von der Macht der Methoden

Das Referendariat hat mir unheimlich viel gebracht. Nicht meins. Das meiner Stieftochter. Wie die meisten Lehrer habe ich mich seit dem Krieg nicht mehr fortgebildet, und so war die zweite Ausbildungsphase meiner Stieftochter für mich sehr hilfreich. Dankbar übernehme ich all die wundervollen Dinge, die man ihr mit auf den pädagogischen Parcours gegeben hat.

Zum Beispiel korrigiere ich seit Kurzem nicht mehr mit Rot! Eine belgische Studie hat herausgefunden, dass rote Anmerkungen die Schüler erschüttern. Lindgrün hingegen stimuliert sie zu guten Leistungen!

Für meine neue siebte Klasse habe ich am Strand vierunddreißig große Steine gesammelt und mit der Wurzelbürste sauber geschrubbt – ein symbolischer Akt für meinen Willen zum Neubeginn. Die Schülerinnen und Schüler haben ganz schnell »begriffen«, dass sie damit die Grundsteine ihrer schulischen Bildung in die Hände bekommen. Es sind auch Zaubersteine: Wenn man sie fest drückt und ganz still in sich hineinhört, erzählen sie einem die schönsten Geschichten. Wir spielen pantomimisch einige Redensarten: ein Stein fällt vom Herzen, Stein und Bein schwören, den Stein der Weisen suchen. Im Nu ist die erste Stunde vorbei, die Kinder laufen begeistert auf den Hof und üben: »... der werfe den ersten Stein!«

Derweil verteile ich vierunddreißig Toblerone-Schachteln auf den Tischen. Natürlich leer. Ich mäste doch meine Schüler nicht mit Fett und Zucker! Nachher verklagen sie mich noch wegen Körperverletzung. Wenn mein eigener Mathelehrer früher detaillierte Förderpläne für mich aufgestellt hätte, könnte ich die Toblerone-Schachteln sicher korrekt benennen. Prismen, Rhomben? Nur so viel: Sie sind dreieckig und haben drei längliche Flächen, die wir jetzt bunt bekleben. Sollte ich mich ausnahmsweise zu politisch unkorrektem Frontalunterricht hinreißen lassen, zeigen mir die Schüler die Toblerone. Sehe ich die grüne Seite, heißt das: »Sehr interessant, Frau Frydrych. Ich lausche Ihnen fasziniert!« Kritisch wird es, wenn mir die gelbe Fläche zugedreht wird: »Ihr Vortrag beginnt mich zu langweilen! Ich möchte jetzt selbstbestimmt an meiner Methodenkompetenz arbeiten!« Sehe ich rot, ist es leider zu spät. Der Schüler hat sich in die innere Emigration zurückgezogen und bedeutet mir, ihn zu wecken, wenn ich fertig bin. Das gelingt mir höchstens noch mit einem kleinen Laufdiktat.

Ich hänge die Übungstexte an die Tür der Sporthalle, und die Schüler galoppieren los, um sich – je nach Gedächtnisleistung – einen Satz oder ein Wort einzuprägen und im Klassenraum zu notieren. Die Seminarleiterin meiner Stieftochter schwört auf Laufdiktate. Mich stimmen die schlechten Ergebnisse eher missvergnügt. Methodische Verkrustungen beim Lehrpersonal sind halt nur schwer aufzubrechen. Dabei habe ich die »freizeitorientierte Schonhaltung« längst hinter mir gelassen und widme mich intensiv meiner »qualifizierten Selbstevaluation«.

Trotzdem fällt es mir noch sehr schwer, Kontrollsucht und Machtstreben aufzugeben. Aber meine Stieftochter hat im Seminar gelernt: Die Lehrerin hält sich zurück. Sie lenkt nicht, greift nicht ein und drängt sich nicht auf. Sie bereitet lediglich das Material so genial zu, dass die Schüler selber herausfinden, was sie lernen sollen – ich meine natürlich: wollen. Ich kann mich leider kaum bremsen, wenn Schüler bei der Gruppenarbeit völlig fachfremde Gespräche führen, wenn nur einzelne intensiv arbeiten und die anderen einfach abschreiben, wenn falsche Ergebnisse präsentiert werden und mein binnendifferenzierendes Zusatzmaterial unbeachtet liegen bleibt.

Ich weiß, das wird sich mit der Zeit alles von selbst regulieren. Nur – wo kommt die Zeit dafür her? Ich beiße, wie so oft in den letzten Wochen, auf meinen linken Daumen und lächle tapfer. Mein besorgter Hausarzt hat mir die Adresse einer Gesprächsgruppe in die Hand gedrückt: »Schmerz als Schrei der Seele«.

Ich bin aber schon in zwei anderen Gruppen organisiert: »Handpuppeneinsatz im Geschichtsunterricht« und »Kreatives Selbstmanagement«. Heute lernen wir Zaubertricks für Anfänger. Ja, auch der »Phantasiemuskel« muss trainiert werden, will ich meinen Schülern »Gedankenbonbons«, »Traumreisen« und »Sprechräume für Erzähllandschaften« bieten. Mit einem Methodenkoffer voller »Schreibanlässe«, »Hör- und Fühltagebücher« und anderer Fördermodule verlasse ich hochzufrieden die teure Fortbildung. Ich spüre, wie tief in mir das »motivationale Fundament« stetig wächst.

Das Leben eines Lehrers könnte so einfach sein. Es beginnt mit der richtigen Sicht der Dinge. Wer aufmerksam Zeitung liest, besonders die Edikte unserer Bildungsforscher, hat längst begriffen: Der deutsche Schüler ist von Natur aus aufgeschlossen und wissbegierig. Aber veraltete Methoden und verkalkte Lehrer deformieren ihn, zwingen ihn zu Passivität und Desinteresse. Das muss nicht sein!

Öffnen Sie sich den wesentlichen Dingen der modernen Pädagogik. Keine Deutschstunde mehr ohne Standbild! Unsere neue Referendarin baut mit den Schülern ständig literarische Schlüsselszenen nach und diskutiert mit ihnen darüber: »Du warst die Desdemona und wurdest gerade erwürgt. Wie fühlte sich das für dich an?« Niemals würden Sie so wertvolle Erkenntnisse mit zähem Frage-Antwort-Unterricht gewinnen! Das Standbild kann man auch in anderen Fächern zum Einsatz bringen. Lassen Sie in der Aula die deutsche Nationalversammlung von 1848 zusammentreten! Stellen Sie den Prager Fenstersturz nach oder die Hinrichtung Marie Antoinettes!

Natürlich hat das statische Standbild seine methodischen Grenzen. Aber wer hindert Sie daran, pantomimisch und szenisch weiterzuarbeiten? Van Gogh schneidet sich im Kunstunterricht ein Ohr ab, im Musikunterricht feiert Bachs Großfamilie Weihnachten, Pestkranke ziehen in Geschichte durch mittelalterliche Stadtkerne. Mit dem Drill der preußischen Armee des 18. Jahrhunderts lassen sich nebenbei ungeahnte pädagogische Erfolge erzielen. Achten Sie aber darauf, dass Sie nicht den falschen Schüler fürs Spießrutenlaufen aussuchen.

In Biologie lassen Sie im Rollenspiel Bazillen und Viren den menschlichen Körper überschwemmen. Das macht Freude, das bringt Bewegung in die Klasse! Ähnlich arbeite ich auch im erlebnisorientierten Grammatikunterricht: Meine Schüler sind Satzteile und arrangieren sich immer wieder neu: »Ich bin das Akkusativobjekt. Und wer bist du?« – »Ich bin der konjugierte Teil des Prädikats. Ich stehe vor dir!« Bastian spielt am liebsten das Komma. Da kann er sich nach den neuesten Orthographieregeln hinstellen, wohin er will.

Zu meiner Basisausstattung gehören nun immer Scheren und Alleskleber. Jedes Gedicht, jedes Lied landet zerschnitten bei den Schülern. Stundenlang versuchen sie dann, ein Sonett zu rekonstruieren, was teilweise zu verblüffenden Neudichtungen führt. Auch die Kunstkollegin gibt Picasso- und Dürer-Reproduktionen nur noch zerhäckselt aus. Beim Puzzeln lernen die Kinder nämlich unendlich viel über Kunstwerke und deren Entstehung! Zugegeben, ich hatte einige Probleme mit der »Zauberflöte«: Die Schüler brauchten Monate, um den ersten Akt wieder zusammenzufügen. Aber welche Welten taten sich ihnen dabei auf!

Kreativ nähern wir uns auch anderen Klassikern. In Musik stellt sich jedes Kind den Frühling vor und sucht einen passenden Ton. Dann summen alle im Chor ihre Frühlingstöne und gewinnen einen völlig neuen Zugang zu Vivaldis »Vier Jahreszeiten«. Die Schulleiterin, durch hochfrequente Dissonanzen angelockt, kann unserem schöpferischen Prozess nicht viel abgewinnen und rümpft die Nase. Sie ist der Meinung, dass man Kulturgut und nationales Erbe nicht verunstalten dürfe. Nun ist sie allerdings auch nicht sehr innovationsfreudig und besucht keine Fortbildungskurse über moderne Methodik.

So hält sie natürlich auch nichts vom Stationenlernen. Das ist das alte Zirkeltraining aus dem Sportunterricht, bei dem alle an verschiedenen Geräten rumturnen und ihre Übungsstationen wechseln, wenn die Trillerpfeife ertönt. Klar kann man das ohne Weiteres von Hanteln und Keulen auf Zimbeln, Rasseln, Mikroskope und Erlenmeyerkolben übertragen. Der Fachlehrer muss sich dafür nur ein einziges Mal intensiv vorbereiten (ungefähr sechs Wochen lang) und Unmengen von Material ausarbeiten. Danach beschäftigen sich die Schüler ein halbes Jahr lang ganz allein mit Lernkarteien, Lösungsbogen und Portfolios.

Großen Lernerfolg im Fremdsprachenunterricht verspricht die »Gebetsmühle«. Die Schüler werden im Doppelkreis formiert. Jeder spricht dreißig Minuten lang ein unregelmäßiges Verb oder eine Vokabel vor sich hin. Ständig werden die Plätze gewechselt, und am Stundenschluss weiß jedes Kind dreißig neue Formen! Wie ergiebig wird dieses Verfahren erst, wenn die Klassenfrequenzen auf fünfundvierzig erhöht sind!

Wird es mir ausnahmsweise im Unterricht zu unruhig, gehe ich zum »stummen Gespräch« über. Ich schreibe auf Plakate Sätze mit starkem Aufforderungscharakter: »Geiz ist geil!« oder »Ein Tritt in den Hintern ist oft ein Stoß ins Glück« – und die Schüler notieren dazu im Wechsel ihre wertvollen Gedanken. Lassen Sie sich nicht verunsichern, wenn Schüler Ihre progressiven Methoden so kommentieren: »Was soll denn der Mist? Können wir nicht mal wieder normalen Unterricht machen?«

Unter keinen Umständen, wirklich niemals dürfen die Schüler merken, dass Lernen mit Anstrengung verbunden ist. Alles muss Spaß machen! Selbstbestimmtes Lernen heißt das Zauberwort für den Nürnberger Trichter unserer Zeit. Wenn Sie ihn richtig anwenden, geht alles wie von selbst.

Im Psycho-Ratgeber für den Schulalltag lese ich, dass man schwierigen Kindern einfach die nackten Fußsohlen massieren muss, um sie zu beruhigen. Manchmal hilft auch ein Glas heißes Wasser, dann kommt ihr Chi wieder ins Fließen, und sie dreschen nicht mehr auf den Nachbarn ein. Als ich meine neuen Tricks ausprobieren will, brauche ich allerdings eine geraume Weile, ehe Ferdinand seine Schuhe auszieht. Während er sich bei meiner Massage langsam entspannt, wird die Klasse immer unruhiger, weil aus Ferdinands Schuhen angeblich unangenehmer Geruch aufsteigt.

Deshalb gehen wir gemeinsam in die Teeküche und trinken alle ein Glas heißes Wasser. Begeistert frage ich die Kinder: »Und, merkt ihr, wie eure inneren Energien wieder fließen?« Am nächsten Tag beschwert sich Ferdinands Vater über diesen Unsinn. Wie ich mit so destruktiven Reaktionen umgehen soll, verrät der Psycho-Ratgeber leider nicht.

Sparsames Wirtschaften

Vor einem Jahr wollte ich mein neues Auto versichern. Als ich für die Vertragsformalitäten meinen Beruf nennen musste, grinste der Versicherungsagent ein wenig und verriet, dass es unter Lehrern versierte Sparfanatiker gebe. Die würden schon im Türrahmen zur Begrüßung rufen: »Ich bin aber Beamter. Kriege ich Rabatt?«

Mein Freund, der Steuerberater, stellte sein Fachwissen einige Zeit lang in der Sprechstunde einer Lehrergewerkschaft zur Verfügung. Er redet nur ungern über diese Tätigkeit, ich weiß aber, dass er damit aufhörte, als ein Lehrer wegen drei Paar Tennissocken vor Gericht ziehen wollte. Das Finanzamt hatte sich hartnäckig geweigert, diese Socken als Werbungskosten anzuerkennen.

Als junge Lehrerin ging ich mit einem Kollegen in den Zoo. Der Besuch diente privaten Testzwecken. Zumindest von meiner Seite aus. Nach eingehender Besichtigung von Hyänen, Krokodilen und Geiern fiel dem Herrn ein, dass ihm daheim der Zucker ausgegangen war. Er musste ganz dringend welchen kaufen. Wahrscheinlich wollte er abends noch Marmelade einkochen. In der Umgebung des Berliner Zoos kannte ich allerdings nur einen Kiosk für Reiseproviant. Mein Kollege war entsetzt: Das sei viel zu teuer. Ob es hier kein Discountgeschäft gebe? Nach langem Suchen fand sich in einem Torbogen so ein Laden mit Kartonstapeln, Warteschlangen und preisgünstigem Kristallzucker. Mein Kollege freute sich diebisch, dass er zehn Cent gespart hatte. Also damals fast zwanzig Pfennige. Dafür waren wir dreißig Minuten lang durch die Innenstadt geirrt und hatten zwanzig Minuten an der Kasse gestanden. Mein Interesse an dem Herrn erlosch dauerhaft.

Viele Kollegen haben über die Jahre eisern ihr Geld zusammengehalten, um Kredite und Zinseszinsen fürs Eigenheim zu tilgen. Der Weg dahin ist steinig und mühsam. Aber es gibt viele Möglichkeiten zu sparen. Zum Beispiel bei Sammlungen im Kollegium. Man wird ja dauernd für irgendwelche Geburtstage, Jubiläen und Pensionierungen abgezockt. (Hochzeiten und Geburten sind selten geworden …) Das Beste ist, in der Schule niemals Geld dabeizuhaben. In den letzten zwanzig Jahren wurde schließlich einmal ein Lehrerportemonnaie geklaut. Wenn der sammelnde Kollege zum dritten Mal vergeblich gekommen ist, resigniert er – und man hat mindestens zwei Euro gespart.

In die Cafeteria geht man am besten kurz vor Schulschluss. Vielleicht gibt es die letzten Brötchen billiger, jetzt, wo sie sowieso nicht mehr verkauft werden können. Aber die neue Pächterin der Cafeteria ist diesbezüglich stur. Lieber verfüttert sie die ausgetrockneten Brötchen an die Schwäne im Stadtpark. Sie zeigt auch kein Entgegenkommen, wenn man beim Mittagessen weniger bezahlen will, weil man auf einen Kartoffelkloß verzichtet hat. Selbst bei Reklamationen (Ente zu trocken, Fisch zu fettig, Kartoffeln zu matschig) gibt sie kein Geld zurück. Mist. Aber man kann es ja mal versuchen. Schade, dass es keine subventionierte Schulmilch mehr gibt. Da die Schüler, für die das gesunde Getränk bestimmt war, lieber Cola tranken, konnten wirtschaftlich denkende Kollegen unter jedem Arm einen Zehnerpack mit nach Hause nehmen.

Alljährlich findet im Kollegium eine Weihnachtsfeier statt. Zehn Euro kostet der teure Spaß! Wenn die raffgierigen Organisatoren Ihnen mit lahmen Ausreden kommen, dafür könne man reichlich Sekt trinken und jede Menge Lachsbrötchen vertilgen, erklären Sie, dass Sie keinen Alkohol trinken und wegen Ihrer vielen Allergien kaum etwas essen. Sie möchten allenfalls fünf Euro Eintritt bezahlen. Warum sollten ausgerechnet Sie den Alkoholkonsum der anderen mitfinanzieren? Das sehen Sie gar nicht ein. Wenn Ihr Eintrittspreis nicht ermäßigt wird, drohen Sie mit Nichterscheinen.

Völlig kostenlose Leckerbissen findet man, wenn man regelmäßig in den Lehrerzimmern sucht. Manche verschwenderischen Kollegen stellen an ihrem Geburtstag Kuchen und Kanapees hin. Andere bringen Süßigkeiten und Kekse mit, die sie selber nicht mögen. Auch in den Kühlschränken lässt sich immer etwas abgreifen. Einiges ist für Klassenfeten und Elternabende bestimmt, aber meist wissen die betreffenden Kollegen gar nicht, was alles schon an Spenden in den Kühlschrank gewandert ist. Sie zählen die Bouletten und Kasslerscheiben schließlich nicht nach.

Geburtstage und Beförderungen kann man aber auch ganz preisbewusst gestalten. Mit ein paar abgezählten Salzstangen, zwei Baguettes und Selters lässt es sich vergnügt und ausgelassen feiern. Leider nimmt die Cafeteria die angebrochenen Seltersflaschen nicht zurück.

Man spart Geld, wenn man alle Telefonate von der Schule aus erledigt. Es ist zwar sehr laut im Lehrerzimmer, aber da muss man durch. Akkus und Handys lädt man kostenlos an schulischen Steckdosen auf. Wer daheim noch keine Flatrate hat, surft in den Schulcomputern nach billigen Flügen, Plasma-Fernsehern und anderen Schnäppchen. Kulturbeflissene kommen günstig mit dem »Theater der Schulen« in die verschiedensten Veranstaltungen. Sie müssen dazu allerdings zwei, drei Schüler mitnehmen.

Wenn es in den Urlaub geht, fahren Sie möglichst in einem Rutsch nach Portugal oder Griechenland. Sie ersparen sich unterwegs überflüssige und teure Übernachtungen. Leider gibt Ihnen Ihr Schulleiter keinen Tag eher frei. Immerhin sind es bis zu Ihrem Urlaubsziel dreitausend Kilometer!

Manchmal führt Sparsamkeit aber auch zu unschönen Auswüchsen. Am Nikolaustag oder zu Ostern legen nette

Kolleginnen Schokoladenhohlfiguren in die Postfächer. Bisweilen weint dann jemand: »Warum kriege ich diesmal nichts?« Nach eingehenden Forschungen stellt sich dann heraus, dass in allen Fächern Schokolade gelegen hat, hungrige Menschen sie aber offensichtlich geklaut haben. Die Kollegin Hebisch-Bleiberg hat neulich empört eine Sektflasche gesucht und sie leer im Papierkorb gefunden. Sie konnte keinerlei Verständnis für diese Form des Mundraubs aufbringen.

Der Kugelschreiber, mit dem die Kollegen Dienstschreiben abzeichnen sollen, verschwindet regelmäßig. Es hilft nichts, ihn festzubinden. Da muss man schon härtere Geschütze auffahren. An einer Schule wird der Locher mit einer massiven Stahlkette und einer schweren Eisenkugel gesichert, was zur Folge hatte, dass man ihn nur mit artistischen Verrenkungen benutzen kann. Bei uns ist er am Tisch festgeschraubt, damit er nicht wegläuft.

Ach, hätte ich doch selber diese Spartipps rechtzeitig befolgt und bei meinen Lebenshaltungskosten gespart! Da meine Eltern für keine ausreichende Erbschaft gesorgt haben, kann von der Stadtvilla mit Sauna nur träumen. Mein sparsamer Kollege, der Zucker, Heimtextilien und Elektronikartikel weiterhin im Discountgeschäft kauft, nennt mittlerweile einen umgebauten Bahnhof mit integriertem Denkmalschutz und Landschaftspark sein Eigen. Während ich in einer kleinen Mietwohnung hause und meinen Nachbarn husten, röcheln und fluchen höre. Das kommt davon, wenn man sein Geld für Kaviar, Bücher und Reisen verprasst und im Urlaub keine Lust zum Zelten hat …

Hiermit kündige ich

Meine Lieblingssendung im Fernsehen läuft zweimal wöchentlich. Sie ist sehr kurz, kommt mit einer Schauspielerin aus und versetzt dennoch die ganze Nation in Atemlosigkeit und Spannung. Sollte ich diese Sendung versäumen, versuche ich sofort im Internet oder über eine Hotline den aktuellen Stand zu eruieren. Meistens bin ich enttäuscht. Das interaktive Fernsehen ist leider noch nicht so weit, dass ich selber in das Geschehen eingreifen könnte. Dabei würden mir persönlich sieben Handlungsschritte völlig reichen: 2, 9, 13, 24, 31 und 45. Superzahl 7.

Laut Statistik ist es wahrscheinlicher, dass ich in der Badewanne von Piranhas angefallen oder beim Skatspielen vom Blitz getroffen werde, als dass ich was Gescheites im Lotto gewinne. Es ist sogar wahrscheinlicher, dass irgendwann in Deutschland sinnvolle Bildungspolitik betrieben wird.

Trotz dieser geringen Erfolgsaussichten investiere ich monatlich viele Euro ins Glücksspiel. Neuerdings stehen Hinweise zum Suchtverhalten auf den Tippzetteln. Der neckische Verkäufer kennt mich schon. Neulich hat er mir dreimal über die Schulter gespuckt, damit ich endlich Glück habe. Gebracht hat es nichts. Ich vermute, das falsche Aas macht das bei allen Kunden. Wenn er mir meine üblichen 2,50 Euro auszahlt, faselt er immer von den Anfängen meiner Million. Witzbold. Er füllt auch selber Tippscheine aus und verkauft sie ratlosen Kunden. Aber meine eigenen Zahlen haben alle eine große Symbolkraft: Geburtstage, Partnertage, der Eintritt in den Schuldienst und andere historische Eckdaten. Irgendwann werden die Zauberzahlen wirken. Ich weiß es.

An meinem letzten Geburtstag (das ist die vierte Glückszahl) habe ich alle meine Psi-Kräfte gebündelt zum Ziehungsgerät geschickt. Das hat bei den ersten drei Zahlen fantastisch geklappt. Ich war schon ganz unruhig. Dann kam mein Partner ins Zimmer und sagte vorwurfsvoll: »Das Klopapier ist alle!« Sofort brach mein telepathisches Feld zusammen, und es blieb bei drei Richtigen.

Auch die medialen Kräfte meiner Erbtante haben nicht geholfen. Sie ist in der Lage, im Traum die Zukunft vorauszusehen. Das funktioniert aber anscheinend nur bei misslungenem Käsekuchen und Todesfällen im Nachbarhaus. Als ich sie beauftrage, ihr Unterbewusstsein auf Lottozahlen zu konditionieren, nennt sie mir am nächsten Tag: 58, 67, 299 und 1345.

Missmutig beobachte ich die vielen Konkurrenten, die ich habe. Statt sinnvolle Zusatzrenten abzuschließen, um sich im Alter mal ein Gebiss oder ein schönes Bruchband anschaffen zu können, bilden viele Lehrer Lottokollektive (obwohl sie sonst Teamarbeit hassen wie die Pest) und geben ihr mageres Gehalt für todsichere Tipps aus. Speichern im klapprigen Schulcomputer die Gewinnzahlen des letzten Jahrhunderts, um stochastische Studien vornehmen zu können, während der Kollege daneben unruhig zappelt, weil er ans Zeugnisprogramm muss.

Einmal hat es bei mir tatsächlich geklappt! Die lächelnde Lottofee präsentierte mir sechs Richtige. Internet und Hotline bestätigten das Glück. Euphorisch verbrannte ich meine Pensionsberechnungen und die letzten Oberstufenklausuren auf dem Balkon und begoss die Glut mit Dom Pérignon. Ich verkündete meiner Mutter meinen unmittelbar bevorstehenden Umzug in die Südsee. Sie könne mich aber jederzeit besuchen. Ich würde mir einen Privatjet zulegen. Mutter als aktive Altruistin empfahl mir, ein Internat mit handverlesenem Inventar zu eröffnen. Ich wollte jedoch nach fünfundzwanzig Jahren Schuldienst lieber Grünstirnamazonen züchten.

Ich konnte kaum den Montag abwarten. Auf dem Schulhof warf ich meine ganzen Ersparnisse unters Volk und freute mich, wie sich Schüler und Kollegen um die Scheine balgten. Der Schulleiter war etwas indigniert, als ich mich auf seinen Schoß setzte und ihm die Glatze kraulte. Seine besorgte Frage nach meinem Wohlbefinden beantwortete ich mit Götz von Berlichingen. Im Rausgehen warf ich ihm mein schweres Schulschlüsselbund zu. Leider durchbrach es den teuren Flachbildmonitor. »Kein Problem, ich kaufe euch allen neue Computer!«

Als die Männer mit der weißen Zwangsjacke in der Schule eintrafen, war ich längst wieder daheim und buchte die Flüge nach Polynesien. Die Nachbarn lud ich abends zu einem »Tag der offenen Tür« ein, und sie räumten begeistert meine Wohnung aus. Nur das Handwörterbuch der Erziehung und Klipperts Methodentraining blieben übrig. Meine Koffer standen bereit, da kam mein Partner mit der Morgenzeitung. »Heute sind die Quoten rausgekommen!« Ungefähr zweihundert Bundesbürger hatten dieselben Zahlen getippt wie ich.

Von den zwanzigtausend gewonnenen Euro haben wir unser morsches Badezimmer saniert und im Discountgeschäft einen neuen Flachbildmonitor gekauft. Der Schulleiter hat das Gerät und meine Entschuldigung huldvoll akzeptiert, nachdem ich mich bereit erklärt hatte, beim Amtsarzt meine geistige Gesundheit untersuchen zu lassen. Freundliche Schüler und Kollegen haben mir einen Teil meiner Ersparnisse zurückgegeben und einen Wohltätigkeitsbasar veranstaltet. Lotto spiele ich nicht mehr. Sollten Sie mit meiner eingangs erwähnten Tippserie Erfolg haben, wäre es nett, wenn Sie mich am Gewinn beteiligen.

Lass sie doch einfach mal trommeln

Der neue Musiklehrer stellt sich dem Kollegium vor. Da freut sich die Kunstlehrerin. Und der Religionslehrer erst! Endlich ein Leidensgenosse, der in der pädagogischen Rang- und Hackordnung mit ihnen zusammen ganz unten steht. Zwar wird allerorts geklagt, dass in den Schulen die künstlerischen Fächer zu kurz kommen und die Musiklehrer fehlen, im Stillen nehmen jedoch weder Eltern noch »Hauptfach«-Kollegen Musik und Kunst besonders ernst – und die Schüler schon gar nicht. Wen juckt denn bitte eine Vier oder Fünf in Musik? Dieselben Kinder, die beim Mathelehrer freiwillig die Tafel wischen und andächtig kopfrechnen, johlen in Musik um die Wette, frühstücken, lesen Zeitung oder überprüfen ihr Make-up.

»Du musst sie halt begeistern!«, hört der neue Kollege. Doch wie soll er begeisternd wirken, wenn er vor Lärm keinen einzigen Satz beenden kann? Im Referendariat bekam er immer nur kleine handverlesene Wahlkurse, damit er anständige Prüfungen machen konnte. Mit ganzen Musikklassen verschonte man ihn.

»Hast du denn schon mal überlegt, warum dir die Schüler so begegnen?«, fragt die Sozialpädagogin mit professionellem Vorwurf in der Stimme. Der Musiklehrer versinkt noch tiefer in Selbstzweifeln und Selbstvorwürfen.

»Der Gruß des Lehrers ist die Klage!«, spottet sein Jugendfreund, bei dem er sich ausweinen will. Der Jugendfreund betreut Maschinen, keine pöbelnden Schüler.

»Trommel doch mal mit ihnen! Lasst die Aggressionen frei!«, rät die anthroposophische Freundin. Die Trommelstunde ist ein voller Erfolg. Klangstäbe fliegen durch die

Klasse, Tamburine werden am Kopf des Nachbarn auf ihre Tonqualität hin getestet. Die Schüler lernen, dass man durch intensiven Körpereinsatz die Membran einer Snare-Drum kleinkriegt. Und den Musiklehrer auch.

»Das war ja heute wieder laut bei Ihnen!«, beschwert sich der Physikkollege. Er unterrichtet im Raum darunter. Seine Klasse wurde in zwei Lerngruppen geteilt. Physik ist schließlich ein wichtiges Fach. Er muss nur sechzehn Schüler »begeistern«, nicht zweiunddreißig.

Im Handbuch für den Schulalltag liest der neue Musiklehrer, dass er Disziplinproblemen durch pädagogische Professionalität begegnen könne. Bedauerlicherweise hatten die beiden Verfasser nie die Gelegenheit, ihre wertvollen Ratschläge selber umfassend im Schuldienst zu testen.

Als ähnlich »realitätsnah« erweist sich der Rahmenplan für Musik. Er sieht unter anderem die Beschäftigung mit Sonatensatzform und Kadenzen vor. Einmal begegnet der Musiklehrer auf der Straße seinem ehemaligen Gitarrendozenten. »An einer Schule sind Sie jetzt? Was für eine schöne, befriedigende Aufgabe, mit jungen Menschen zu arbeiten!«, schwärmt der.

Irgendwann interessiert sich der neue Musikkollege dafür, wo seine Vorgänger abgeblieben sind. Der Violinenvirtuose hat sich kurz vor dem Herzinfarkt an die Musikschule geflüchtet. Dort betreut er nur noch einzelne Freiwillige. Die harmoniebedürftige Kollegin, die als Zensuren immer nur Einsen und Zweien vergab, musiziert jetzt lieber daheim mit ihren eigenen drei Kindern. Aus anderen Schulen hört man von Frühpensionierungen und Hörstürzen der Fachkollegen und von einem älteren Herrn, der sechsundzwanzig Wochenstunden ausschließlich Musikunterricht gab. Angeblich ließ der nur noch die Vorhänge zuziehen und die Schüler in Ruhe »ihre Musik« hören.

Bei der Gesprächsgruppe der Gesundheitsprävention outen sich Kollegen, die mal ein Jahr lang fachfremd Musikunterricht übernommen haben und heilfroh sind, dieser Aufgabe wieder entronnen zu sein. Vereinzelte Musikkolleginnen aus dem Grundschulbereich erklären jedoch, dass sie ihrer Tätigkeit ausgesprochen gerne nachgehen.

»Du hast es gut! Du kannst mit den Schülern ein bisschen singen!«, flötet der Englischkollege im Schulflur. Er ahnt nicht, wie gern der Musiklehrer in diesem Moment sein Zupf- als Schlaginstrument am Kopf des Kollegen einsetzen würde! Er zieht schließlich in den Kampf und nicht zum Minnedienst. Zehntklässler zum Singen zu bewegen erfordert persönliche Stärke, Gleichmut und unempfindliche Ohren. Die Referendarin, die heute hospitiert, kann ihr Naserümpfen kaum unterdrücken, als sie dem Grölen lauscht. Sie träumt noch von Atemtechnik, Stimmbildung und lieblichem Chorgesang. Monate später wird sie froh sein, wenn überhaupt ein Schüler auf ihren Wunsch hin das Liederbuch und die Lippen öffnet.

Als Politiker verkünden, dass aus Gründen gerechterer Arbeitsverteilung die Sport- und Musiklehrer mit ihren läppischen Nebenfächern mehr arbeiten sollen als zum Beispiel die hoch belasteten Deutschlehrer, schließt sich der neue Kollege fahrenden Musikanten an und ward nicht mehr gesehen. Es heißt, er habe einen Eid abgelegt, nie wieder eine Schule zu betreten.

»Wir investieren in die Bildung!«

Das haben wir Politiker nach PISA (und vor den Wahlen) erst mal spontan versprochen. Seither warten Eltern, Schüler und Lehrer naiv auf Verbesserungen im Bildungswesen. Vorwurfsvoll beanstanden sie, dass nicht mehr Geld als vorher in die Schulen fließt. Aber, meine Lieben, wo steht denn geschrieben, dass Investitionen Geld kosten müssen? Wir Politiker mobilisieren menschliche Ressourcen, das ist direkter, unmittelbarer und wesentlich billiger.

Tausende Rentner sitzen daheim vorm Fernseher und kraulen ratlos ihre Dackel. Wissen nicht wohin mit ihren Energien und ihrer Lebenserfahrung. Also ab mit ihnen in die Schulen! Dort können sie Lesehilfe leisten, Hausaufgaben betreuen, Streit schlichten, den Geschichtsunterricht ersetzen und mit den lieben Kleinen werken und basteln. Ehrenamtlich natürlich. Denn kosten darf Bildung möglichst nichts. Ist ja im Grunde Privatsache. Vor zweihundert Jahren konnten sich auch nur begüterte Menschen eine gediegene Ausbildung für ihre Kinder leisten.

Nicht alles von früher ist schlecht! Deshalb beleben wir auch die Dorfschule wieder, nennen das »jahrgangsübergreifenden Unterricht« und verkaufen es als innovative Methode. Schüler bringen sich gegenseitig etwas bei, Lehrer geben nur noch Arbeits- und Lösungsblätter aus. So können sie ohne Weiteres fünfzig statt fünfundzwanzig Kinder betreuen. Auch das ging früher in Dorfschulen problemlos. Und: Hat es jemandem geschadet?

Anfangs setzen wir die ehrenamtlichen Rentner nur als Nachmittagsbetreuung ein, aber wenn sie sich eingearbeitet

haben, können sie nach und nach (gegen eine geringe Auf-
wandsentschädigung) auch den Vormittagsunterricht übernehmen. Wir benötigen dadurch immer weniger Lehrer und
können für das Geld mehr Bankbürgschaften übernehmen,
einen unternehmerfreundlichen Spitzensteuersatz einführen
und schöne neue Panzer kaufen. Weiterhin sehen wir uns mal
unter den frühpensionierten Lehrern um. So manchem geht es
ja blendend, seit er nicht mehr in die Schule muss. Was liegt
näher, als alle noch mal beim zuständigen Gesundheitsamt
vorzuführen? Die Amtsärzte bekommen eine gewisse Provi-
sion für entsprechende Begutachtungen. Und dann zurück ins
Glied mit den Berufsflüchtlingen! Natürlich nicht mit vollem
Gehalt, sondern mit der gekürzten Frührente.

Seit PISA wissen wir, dass die Lehrerausbildung schlecht
und viel zu teuer ist und dass die meisten Schüler ohnehin
kaum auf ihre unfähigen Lehrer hören. Deshalb aktivieren
wir alles, was in der Lage ist zu laufen, zu zählen und zu
buchstabieren. »Lehrer kann jeder«!

Die ersten »berufsfremden« Referendare bereiten sich in
einigen Bundesländern gerade auf den Schuldienst vor. Nicht
alle haben einen Hochschulabschluss, aber das macht nichts.
Mit Menschen hat jeder schon mal zu tun gehabt, eigene
Schulerfahrung können auch alle Bundesbürger vorweisen,
und das bisschen Wissen über pädagogische Methoden oder
den Umgang mit Jugendlichen, zum Beispiel an sozialen
Brennpunkten, eignet man sich im (selbstverständlich ver-
kürzten!) Referendariat ganz nebenbei und mühelos an. Mit
neuen Medien oder der Jugendsprache können all die ehemaligen Versicherungsagenten, Matrosen, Scherenschleifer,
Orthopäden und die anderen pädagogisch Berufenen sowieso
viel besser umgehen als die ganzen faulen Beamtenlehrer, die
sich nie fortgebildet haben.

Die »Frischlinge« aus anderen Berufen haben übrigens
einen erfreulichen Altersdurchschnitt von siebenundvierzig
Jahren. Wir brauchen schließlich unverbrauchte Kräfte in den

Langeweile im Alter? Das muss nicht sein!

Schulen, mit frischen Ideen und jugendlichem Elan! Diese Umschulungen kosten Geld? Ein wenig schon. Aber auf gar keinen Fall so viel wie ein überlanges Lehramtsstudium. Und: Wer spät Lehrer wird, bekommt weniger Rente.

Wir investieren auch in die Bildung, indem wir zum Beispiel in Berlin die Lehrerarbeitszeit weiter erhöhen. Da schlagen wir zwei Fliegen mit einer Klappe: Zum einen ist die Bevölkerung entzückt. Den ungeliebten Lehrern gönnt jeder von Herzen, dass sie mal so richtig hart rangenommen werden. Zum anderen ist auch diese Maßnahme ausgesprochen kostengünstig, denn wir sparen jede Menge versprochene Neueinstellungen. Und die Lehrer, alt und abgewirtschaftet, wie sie sind, machen ohnehin kaum noch den Mund auf und schlucken alles. Altersermäßigung gibt es für sie schon lange nicht mehr. Wozu auch? Keine Ahnung, wer sich diesen Quatsch vor Jahren mal ausgedacht hat. Als ob der Schuldienst mit den Kleinen im Alter anstrengender wäre.

Sie können also versichert sein, dass wir wirklich etwas für die Bildung tun: kostenlose Rentner als Nachhilfelehrer, zwangsrekrutierte Frühpensionäre und berufsfremde Bildungssöldner. Mit diesen genialen Innovationen bringen wir Glanz und Schwung in deutsche Schulen. Wir können getrost in die Zukunft sehen.

Kindergeburtstag nach PISA

Ihr Sohn wird demnächst zwölf. Zur Feier des Tages hat er seine ganze Klasse eingeladen: einunddreißig aufgeweckte und lebendige Knaben und Mädchen. Sie als Mutter sind ein wenig skeptisch. In Ihrer Wohnung ist eigentlich nur Platz für zwanzig Feiernde. Darin sieht Ihr Sohn aber kein großes Problem. Da müssen sich die Gäste beim Sitzen halt abwechseln. In der Schule gibt es auch nicht genug Platz oder Stühle für alle.

Vier Wochen lang beschäftigen Sie sich intensiv mit den Vorbereitungen. Sie wollen schließlich nicht, dass alles im » Gleichschritt « abläuft. Schon gar nicht möchten Sie als Spielmaster alles lenken und leiten. Nein, Sie werden jede Menge Material » anbieten «, mit dem sich die Kinder je nach Alter, Geschlecht, kulturellem Hintergrund und gewohntem Spaßfaktor » individuell beschäftigen « können. Geduldig laminieren Sie Kärtchen, malen Anleitungen, Plakate und Spielfelder. Kaufen sich ein kleines Kreuzworträtselprogramm für den Computer, der Ihnen aus den Lieblingsbegriffen jedes Kindes ein persönliches Rätsel bastelt. Eine Spielgruppe schicken Sie ins Schlafzimmer, eine in den Hausflur, eine in die Küche, eine auf den Balkon. Im Kinderzimmer installieren Sie die Videowand.

Für ausreichende Bewegung ist auch gesorgt. Sie haben eine Schatzsuche mit jeder Menge Rätselaufgaben ausgearbeitet, mit denen die Kinder kreuz und quer durch Haus und Wohnbezirk gescheucht werden. Nicht etwa wie zu Kaisers Zeiten ein gemeinsamer Auftrag für alle zusammen. Jedes Kind bekommt natürlich einen eigenen Plan und einen eigenen Schatz. Von Ihnen als Gastgeberin kann man zu Recht erwarten, dass Sie sich Gedanken machen, wie Sie jedes einzelne Kind mit spannenden Ideen gewinnen und »dort abholen, wo es steht«. Und nicht etwa, wie in der Schule, dorthin bringen, wohin es gar nicht will.

Garantiert wird alles friedlich und gelöst ablaufen. Sie werden nicht hektisch durch die Wohnung fegen, um hier ein streitendes Knäuel zu lösen und da ein paar Tränen zu trocknen. Gelassen erklären Sie die Skatregeln und gleichzeitig die Bedienung Ihres teuren Camcorders, während Sie ein paar Glassplitter auffegen und diverse Popcornschüsseln auffüllen. Wenn sich Kinder langweilen, können sie sich aus der großen Aktivkiste »Zusatzfutter« holen. Achten Sie darauf, dass bei den Spielen der Faktor »Teamarbeit« nicht zu kurz kommt.

In der Küche haben Sie ein riesiges Büfett aufgebaut, das allen Bedürfnissen gerecht wird. Sie werden die Gäste ja wohl nicht mit liebloser Massenverpflegung – gar mit Würstchen und Kartoffelsalat! – abspeisen. Und womöglich auch noch alle Kinder zur gleichen Zeit! Lena-Luise ist nur Vollwertküche gewöhnt. Torsten braucht eine Menge Chips, um seine Figur zu halten. Sven ist Veganer. Mandy-Madlen mag nichts mit Körnern. Thymian liebt Malzbier, und Emma hasst Obstsaft. Das alles und eventuelle Lebensmittelallergien haben Sie bereits zwei Wochen vor dem Fest durch eine umfassende Fragebogenaktion in Erfahrung gebracht.

Da Sie alles gut geplant haben, können Sie sich entspannt zurücklehnen und gerührt beobachten, wie die lieben Kleinen bei der Sache sind. Wie anstrengend waren doch früher Kindergeburtstage, bei denen Sie alles dirigieren und anleiten mussten. Man braucht Kinder nur richtig zu motivieren und ihre Interessen zu fördern, dann geht alles wie von selbst.

Sie bleiben gelassen, auch wenn hinterher nicht nur im Schlafzimmer alles klebt. Kinder müssen viel trinken. Jederzeit und überall. Da Sie gelesen haben, dass Kaugummikauen müde Hirnströme belebt, stören Sie die Reste auf den Teppichen und an den Türklinken wenig. Oder etwa doch? Da werden Sie sauer? Kinder müssen sich aber frei entfalten können! Auf Restriktionen reagieren sie sehr sensibel. Sie rufen dann gleich daheim bei ihren Eltern an und möchten von dem blöden Geburtstag abgeholt werden.

Gegen Abend kommt ein wenig Unruhe auf. Ihr Spielmaterial und auch der eine oder andere Gummibär fliegen durch die Gegend. Sie haben ein schlechtes Gewissen, weil Sie bei Ihren Vorbereitungen anscheinend nicht alles genau bedacht haben. Glücklicherweise kommt gerade Lena-Luises Mutter, um ihre Tochter abzuholen. Lena-Luise muss zu einem Ballettauftritt. Die Mutter ist Kindergärtnerin und empfiehlt Ihnen eine stille Runde. Alle fassen sich an, schließen die Augen und denken an etwas Positives. Nein, dabei kneift keiner seinem Nachbarn in die Hand. Ach wo. Sie schließen noch eine Traumreise an, bei der die Kinder kreuz und quer auf dem Boden verteilt liegen und sich zusammen mit Harry Potter und Tokio Hotel in der Südsee wähnen. Mit sanfter Stimme beschreiben Sie Wellengang, Außentemperatur, Flora und Fauna des Traumziels.

Als die Gäste gegangen sind, sind Sie hochgradig genervt. Sie haben Migräne und möchten nur noch schlafen. Sie machen Ihrem Partner Vorwürfe, weil er zum Squash entflohen ist und Ihnen nicht geholfen hat. Und dann hat er noch die Stirn, Ihnen eine umfassende Evaluation zu empfehlen, um den Problemen erst mal auf den Grund zu gehen. Gereizt entgegnen Sie, eine mehrstündige Beschäftigung mit einunddreißig Kindern sei allein gar nicht zu schaffen. Wie das? Vier Stunden »modernen, binnendifferenzierten« Kindergeburtstag halten Sie nicht aus? Von der Schule verlangen Sie doch auch ganztägiges »individuelles Lernen« in viel zu kleinen Räumen, oder?

Fürs Leben lernen

Horst hat viele Jahre an einem bolivianischen Gymnasium unterrichtet. Nun kommt er aus dem Auslandsschuldienst zurück und freut sich auf das Gnadenbrot an seiner alten Schule. Am Eingang, wo früher naive Kinderzeichnungen hingen, verkündet eine große Fototafel: »Unsere Sieger – unsere Besten«. Prämierte Lehrer und Schüler lächeln mit gefletschten Zähnen auf den Betrachter herunter. Horst liest verwundert, welche Wettbewerbe sie gewonnen haben: »Chemie trifft Tanz – eine ungewöhnliche Kompetenzerweiterung«, »Der Metzger und seine Verantwortung für die Zukunft« oder »Schüler konzipieren eine Werft«.

Der Flur steht voller Vitrinen. Überall Pokale, Urkunden und Medaillen. Horst staunt. Ist Wettbewerb nicht etwas Schädliches? Schmälert nicht die oft zufällige Heraushebung eines Einzelnen die Leistung aller anderen? Was ist aus dem Slogan »Miteinander statt gegeneinander« geworden?

Das Sekretariat heißt jetzt »Service-Point«, die Sekretärin »Managementassistentin«. Sie meldet Horst mit den Worten: »Die schulscharfe Bewerbung ist da!« Der »Schulmanager« entpuppt sich als der frühere Direktor.

»Na, Horst, wieder zurück? Von ›schulscharf‹ kann aber keine Rede sein. Da haben sie dich mit dem angeforderten Kollegen für Consulting und Product Placement verwechselt. Deine Fächer Arbeitslehre und Sozialkunde brauchen wir eigentlich gar nicht. Dafür haben wir genug Ein-Euro-Kräfte. Deshalb bist du erst mal für die Außenwirkung zuständig.«

Außenwirkung – ein magischer Begriff. Er fällt im folgenden Gespräch pausenlos. Horst ist verblüfft über die neuen

Schulfächer Globalisierung, Monopolisierung, Industrie-
design und Werbepsychologie. »Wir richten unseren Unterricht hochmodern an den Bedürfnissen der Sponsoren aus.
Der mittelalterliche Fächerkanon ist abgeschafft, wir arbeiten
nur noch projekt-, produkt- und handlungsorientiert. Natürlich in jahrgangsübergreifenden Flexibilitätsteams. Bei uns
zerhackt keine Pausenklingel den Einsatz für die Wirtschaft«,
erklärt der Schulmanager stolz.

Horst bekommt einen Riesenstapel teurer Hochglanzbroschüren. »Das sind alles Wettbewerbsausschreibungen. Du
kannst dich damit ins Evaluationsbüro setzen. Sieh zu, dass
unsere Schule möglichst oft gewinnt. Das ist ganz wichtig für
die …!« »Außenwirkung, ich weiß«, ergänzt Horst leicht
spöttisch. Deshalb drückt ihm der Schulmanager noch die
DVD »Positive Thinking – auch für den Lehrer« in die Hand.

Horst ist entlassen. Hochgradig verwirrt. Das soll moderne
Schule sein? Dem Kapital direkt in die Hände spielen? Schüler zu willfährigen Sklaven der Wirtschaft drillen? Was ist aus
systemkritischer Erziehung geworden? Horst traut sich nicht
zu fragen.

Bevor er sich seiner neuen Aufgabe widmet, sucht er eine
der Jungstoiletten auf. Die schweinischen Graffiti an den
Wänden sind noch größer und bunter geworden, es stinkt wie
vor zwanzig Jahren, Klopapier sucht Horst vergeblich. Vielleicht sollte eine Sanitärfirma mal den Wettbewerb »Unser
Klo soll schöner werden!« ausschreiben.

»Warum gehst du denn auf die Schülerklos?«, fragt eine
Kollegin. »Wir haben im Sponsorentower japanische Toiletten mit digitaler Körperanpassung.«

Und nicht nur das. In diesem Trakt stehen weiche Ledersessel, wachsen exotische Grünpflanzen, summt ein Getränke-
kühlschrank, schwimmen Fische durch Aquarien. Hier haben
gemeine Schüler keinen Zutritt, nur die »Brainware-Group«
darf sich Gratifikationen im Headhunterbüro abholen. Im
übrigen Gebäude bröckelt nach wie vor der Putz von den

Wänden, stützen Pfeiler marode Deckenkonstruktionen, zwängen sich Schüler in uraltes Mobiliar und blinzeln durch verdreckte Fenster in die Sonne.

Horst stellt sich tapfer der Realität. Wenn der Staat versagt, muss eben die Wirtschaft ran. Aber warum kommt das viele Geld, das in glänzende Broschüren, Plakate und lustige Preise investiert wird, nicht gleich direkt den Schulen zugute? Und zwar allen Schülern! Aber es geht ja auch gar nicht um die Förderung maroder Schulen, denkt Horst erbittert, es geht um Werbung, um Steuerersparnis, darum, den Rahm abzuschöpfen. Hier wollen sich Verbände und Jury-Mitglieder doch nur selber darstellen.

Die DVD »Positive Thinking« hat sich Horst nur widerwillig im Multi-Media-Stützpunkt angesehen. Trotzdem überlegt er gewissenhaft, welcher der vielen Wettbewerbe seiner Schule nützen könnte. »Schüler – die Aktionäre von morgen. Ein Planspiel im Future Camp« vom Badischen Stahlkontor und der Capital-Bank bietet immerhin Preisgelder von zehntausend Euro. Oder lieber »Innovationen und Kreationen – wir entwerfen Ski-Unterwäsche«? Da gibt es Schuluniformen für die ganze Anstalt.

Horst entscheidet sich für einen Wettbewerb, der Leseförderung für alle verspricht. Man kann eine ganze Schulbücherei und eine Reise zur Londoner Nationalbibliothek gewinnen. Gestiftet von einer Keksfabrik, unter der Schirmherrschaft des Altgriechischlehrer-Verbandes.

Kollegen und Schüler werfen sich mächtig ins Zeug. Basteln Toncollagen und Eye-Catcher. Werkeln, schneiden, scannen und beamen. Die Schule gewinnt mit ihrer spritzigen Powerpoint-Präsentation tatsächlich einen Preis. Der Schulmanager öffnet vor der Gesamtkonferenz (jetzt »Staff-Meeting«) gewichtig den großen Umschlag. Die Kollegen in ihren Sponsorenshirts warten gespannt auf das Ergebnis: Die Schule bekommt kistenweise Buchstabenkekse, ausreichend für die nächsten zweihundert Jahre. Na, ist das nix?

Schluss mit der Weiberwirtschaft!

Woran es liegt, dass Jungen unordentlicher schreiben, öfter sitzen bleiben und mehr randalieren als Mädchen? Nein, es ist nicht das Testosteron im Blut, das angehende Männer zu willenlosen Opfern ihrer Hormone macht. Oder gar die rudimentäre Vernetzung der männlichen Hirnhälften. Schuld sind die Frauen! Sie sind es, die rücksichtslos die frühkindliche Sozialisation an sich reißen, die Väter brutal verdrängen und kleine Jungen konsequent fehlleiten. Vom ersten Augenaufschlag an ist doch ein männliches Wesen hilflos den Weibern ausgeliefert. Beim Windelwechseln, beim Ringelreihen, beim Buchstabieren. Sehr wahrscheinlich musste sich »der kleine Mann« schon im Mutterleib sanfte Meditationsmusik und Intelligenz fördernde Klassik anhören statt Hardrock und Gangsta-Rap.

In Kindergärten und Grundschulen okkupieren Frauen skrupellos sämtliche Arbeitsplätze. Nur die Leitungsstellen überlassen sie in der Regel scheinheilig einem Quotenmann, damit die Welt nach außen in Ordnung scheint. Sogar in den Gymnasien müssen sich männliche Schülerinnen von Emanzen verbiegen lassen, die aus purer Gemeinheit Mathematik, Physik und Latein studiert haben. Was bleibt den Jungen da anderes übrig, als auszurasten? Wie sonst sollen sie ihre Männlichkeit ausleben?

Früher war die Welt noch in Ordnung. Da saßen in den harten Holzbänken der Gymnasien und Universitäten nur Männer. Und die wurden von echten Männern unterrichtet! Die wenigen Frauen, die meinten, auch ein Recht auf höhere Bildung zu haben, wurden spöttisch mit »Meine Herren!«

angeredet und mussten sich Bemerkungen über den negativen Zusammenhang von prämenstruellem Syndrom und intellektueller Tätigkeit anhören. Wissenschaftler schrieben tiefgründige Bestseller über den »physiologischen Schwachsinn des Weibes« und rieten vehement davon ab, jungen Frauen die Gymnasien und Universitäten zu öffnen. Ihre Gebärfähigkeit würde dadurch beeinträchtigt.

In den männerdominierten Gymnasialkollegien wurde den Mädchen bis in die Siebzigerjahre hinein verächtlich erzählt, wie schwer Physik für sie sei und dass sie nach dem Abitur (»vergebliche Liebesmüh«) ohnehin heiraten würden. Deshalb hatten sie auch an vielen Schulen Hauswirtschaft statt Werken. Aber nie hätte jemand lauthals und öffentlich darüber lamentiert, welch eine Zumutung es für Mädchen ist, fast ausschließlich von Männern unterrichtet zu werden. Wenn Mädchen Schulprobleme hatten, lag das an ihrer geistigen Inferiorität, aber doch nicht an fehlenden weiblichen Leitbildern in Erziehung, Hochschule, Beruf und Gesellschaft – oder gar an unsensiblen männlichen Lehrern, die aufgrund ihrer schlicht gestrickten Biostruktur gar nicht in der Lage waren, Mädchen zu bilden und zu fördern.

Heutzutage wird jedoch gebetsmühlenartig das entsetzliche Übel beschworen, dass die Jungen in den Schulen der Nation von einer weiblichen Übermacht unterdrückt und benachteiligt werden. Dass sie unter Frauen leiden, die das biologische Wesen des Mannes nicht verstehen können oder nicht verstehen wollen. Diese feministischen »Pädagoginnen« deformieren kleine Jungen, zwingen sie zum Stillsitzen und Schönschreiben und drücken ihnen literarische Texte auf, die kaum einen normalen Schweifträger interessieren. Kein Wunder, dass Jungen nicht gerne lesen und uns auf internationaler Ebene so runterziehen. (Hat eigentlich noch niemand den negativen Einfluss der Frauen in Bezug auf die PISA-Ergebnisse untersucht? Wahrscheinlich gibt es in Finnland und Bayern viel mehr männliche Lehrerinnen!)

Der unheilvolle Einfluss einer frauendominierten Erziehung mache sich schon lange schmerzlich bemerkbar, konstatieren besorgte Erziehungswissenschaftler und Journalisten. Durch mafiaähnliche Weiberseilschaften werden immer mehr Mädchen durchs Abitur »geschleust«. Seltsam nur, dass sich das auf Spitzenpositionen in Wirtschaft, Wissenschaft und Politik so wenig auswirkt ...

Warum aber hält sich (nicht nur) der deutsche Mann aus der Erziehung so dezent fern? Hat es gar damit zu tun, dass manche Tätigkeiten ihr Prestige verlieren, wenn zu viele Frauen ihnen nachgehen? In der ehemaligen Sowjetunion konnte man das interessante Phänomen beobachten, dass der angesehene Arztberuf zu einer minderbezahlten und weniger geschätzten Tätigkeit wurde, als hauptsächlich Frauen ihn ausübten. Übrigens wurde schon vor dreißig Jahren in der Sowjetunion die »Feminisierung der Jungen« in den Schulen beklagt, verursacht durch ein Riesenheer schlecht bezahlter Lehrerinnen. Mittlerweile gibt es aber einzelne russische Schulen, die Jungen wieder zu Kerlen und Mädchen zu Köchinnen erziehen – in getrennten Klassen. Eine tröstliche Lösung! Als Vorbild sollten uns vielleicht auch archaische Kulturen dienen, die kleine Jungen in einem bestimmten Alter den Müttern entreißen und sie von Männern zu Jägern und Kämpfern ausbilden lassen.

Aber solange sich die Herren der Schöpfung konsequent aus Elternzeit, Kindergarten und Grundschule raushalten, solange selbst die »Jungengruppen« in den Oberschulen von Frauen geleitet werden müssen (weil den männlichen Kollegen zur »Identitätsbildung« der Jungen außer Fußball nicht viel einfällt), so lange darf man nicht jammern und klagen, dass »nur« Frauen die Erziehung der Jungen übernehmen!

Wenn Schüler plaudern

»Haben eigentlich alle Lehrer an unserer Schule Abitur?«, fragt Leo im Deutschunterricht ganz nebenbei.

Ich antworte: »Ja, sicher. Das müssen sie doch haben, um studieren zu können!«

»Wirklich? Herr Sulzberger auch?« Leo guckt zweifelnd von seinem Heft hoch.

»Natürlich! Wer Lehrer werden will, muss studieren und zwei Staatsexamen ablegen!« Im Stillen denke ich: Komisch, das habe ich mich bei Kollege Sulzberger auch schon gefragt ...

Wer hört nicht gerne zu, wenn Schüler plaudern? Nach außen vertritt man natürlich die kollegiale Solidarität, aber innen drin keimt eine winzige Prise Neugier und Schadenfreude. Wer ist bitte völlig frei davon?

Spieleabend auf der Klassenfahrt: Was gibt es Schöneres als junge Talente, die ihre Lehrer imitieren? Diese Gören haben eine fantastische Beobachtungsgabe! Sie plustern sich auf wie ihr Englischlehrer, sie wandern gramgebeugt durch die Gänge, sie blicken streng ins Rund wie die Schulleiterin. Wer soll aber das sein? Rennt beleidigt durch die Klasse, fuchtelt albern mit den Armen rum, sucht hektisch in allen Taschen nach dem Schulschlüssel? »Das sind doch Sie, Frau Frydrych!« Da wollen wir lieber schnell was anderes spielen!

Hinter geschlossenen Klassentüren geht manches ab, was ein Außenstehender nie mitbekommen wird. Wenn Lehrer untereinander hospitieren, die Schulrätin oder der Elternsprecher ins Haus stehen, zeigen sich verständlicherweise alle von der besten Seite. Unsere kleinen Geheimnisse sehen nur die Schüler.

Und was die alles sehen – das kann man sowieso nicht glauben. Schon die interkollegiale Loyalität verhindert, dass über einen Kollegen Despektierliches gesagt wird. Aber manchmal rutscht den Schülern eine Bemerkung so schnell heraus, dass man sie gar nicht verhindern kann. Und das freudige Echo der Mitschüler zeigt, dass irgendetwas Wahres dran sein muss.

Bei Herrn Bumberger wird auf den hinteren Plätzen Skat gespielt, wenn er vorne chemische Versuche zeigt. »Das glaube ich nicht!« – »Einmal ist sogar ein Schüler während des Unterrichts aus dem Fenster gestiegen, ein anderer hat heimlich geraucht!« – »Ach, Unsinn!« (Ich hab doch gewusst, dass er eine Flasche ist …)

Dr. Wurm schielt den Oberstufenschülerinnen in den Ausschnitt, und wenn er bei Klausuren Hilfe anbietet, legt er ihnen väterlich eine Hand auf die Schulter, also mehr so vorn auf die Schulter. »Das sind doch alles dumme Gerüchte!« (Kann der Alte seinen Johannistrieb nicht ein bisschen besser kaschieren?)

»Herr Pape trägt so altmodische weite Sporthosen, da kann man durchs Hosenbein direkt ins Vergnügungszentrum sehen!«, berichtet Markus vergnügt.

Die Direktorin erzählt angeblich in ihrem Leistungskurs zu Stundenbeginn ausführlich von ihren Wochenenden und gibt männerfeindliche Witze zum Besten. (Das also versteht sie unter Stringenz!)

Kollege Dierks kommt ständig zu spät und beschimpft die Kinder mit unflätigen Ausdrücken, wenn sie etwas nicht verstanden haben. (Auf Dienstbesprechungen ist der die personifizierte Unterwürfigkeit!)

»Frau Klotzbach vergisst vor den Klausurterminen immer ihre Aktentasche in der Klasse«, erzählt Benni. »Na und?« (Ach so, da sind die Aufgabenstellungen und Erwartungshorizonte drin. Daher immer dieser gute Durchschnitt, für den sie auf allen Konferenzen gelobt wird!)

Welche Lehrer andersrum sind, wer mit wem ein Verhältnis hat, schwanger oder Alkoholiker ist – all das sind Fragen, die nicht nur die Schüler brennend interessieren.

Sollte sich jetzt jemand über die unmöglichen Lehrer die Hände reiben: zu früh gefreut! Wenn Eltern wüssten, was ihre Kinder ganz unbefangen in der Schule erzählen. Gut, dass wir Lehrer keine Spur schadenfroh sind! Nie würden wir insgeheim denken: Aha, das läuft also bei denen daheim ab. Kein Wunder, dass das Kind so unerträglich ist! Nie würden wir anzügliche Bemerkungen beim nächsten Elternsprechtag machen! Nein, wir gehen ganz sanft darüber hinweg, dass Mutti morgens nicht aus dem Bett kommt oder seit drei Tagen nicht mehr zu Hause war, weil sie gerade einen neuen Freund hat. Oder dass Vati seinen Wohnsitz in der Eckkneipe hat und beim letzten Fußballspiel dort vor Ärger den Fernseher demoliert hat.

Wir wissen, wessen Oma gerade in der Nervenklinik weilt, wer Besuch vom Gerichtsvollzieher oder Kammerjäger hatte, wer den Nachbarn Müll vor die Tür kippt, wer unter Haarausfall und Gewichtsproblemen leidet, wer regelmäßig Abführpillen nimmt, den Pudel mehr liebt als den Sohn, schwarz arbeitet, sich gern als Cowboy verkleidet oder zu nächtlicher Stunde randaliert. Alle Eltern können beruhigt sein: Das fällt unter unser Schweigegebot.

Außerdem glauben wir ohnehin nicht alles, was die Kinder erzählen!

Burnout? Selber schuld!

Seit einiger Zeit haben »Bildungsjournalisten« ein neues Lieblingsthema: alternde Lehrkörper und ihr Burnout-Syndrom. Empört wird in der Presse berichtet, dass kaum ein Pädagoge das offizielle Pensionsalter erreiche. Schwer nachzuvollziehen, wo man doch seit PISA weiß, dass deutsche Lehrer im intergalaktischen Vergleich am meisten verdienen und am wenigsten arbeiten! Dafür stellen sie sich schon im zarten Alter von vierzig Jahren krank, um ihre Pensionsansprüche länger genießen zu können. Täuschen am liebsten seelische Leiden vor, die kein Arzt nachweisen kann.

Befremdet werden in den Medien wissenschaftliche Untersuchungen zitiert, nach denen sich der deutsche Lehrer überlastet, missachtet und ausgebrannt fühlt. Jede Zeitung stellt die berühmten vier Pädagogentypen vor: von fröhlich-faul über schlaff-resigniert und sachlich-unterkühlt bis hin zu hochengagiert-verzweifelt. Davon ausgehend wird die individuelle Trefferquote für Burnout-Syndrome, Herzstolpern und Ohrensausen ausgerechnet.

Reporter und Fotografen recherchieren in idyllischen Waldsanatorien, wo die ausgelutschten Lehrkräfte in Gesprächsgruppen zusammengefasst sind und ihre Berufswahl bejammern, Medizinbälle rollen, meditative Reigen tanzen, auf Gymnastikmatten herumliegen und ihren Atem ruhig fließen lassen.

»Schule ist ganz gleichgültig. Schüler kommen und gehen, Schüler stören nicht«, flötet die Yogalehrerin und nimmt die Lehrkörper mit auf Fantasiereisen – weit weg von illoyalen Kultusministern, bramarbasierenden Erziehungswissenschaftlern und schmallippigen Schulleiterinnen. Leise ertönt transzendentale Musik mit Meeresrauschen.

Im Flur zerpflückt eine fluchende Frau Zeitungen. Zu ihren Füßen türmen sich bereits Schnipsel und Fetzen. »Auch eine Lehrerin«, erklärt der Chefarzt den Journalisten. »Sie ist fünfundvierzig Jahre alt und leidet an einer massiven Pressephobie. Jeden Morgen, wenn sie in der Zeitung Schulberichte liest, bekommt sie hysterische Schreikrämpfe. Sie wird nie wieder vor einer Klasse stehen können.«

Die Journalisten mustern zwei ältere Herren, die im Sanatoriumspark Bäume umarmt halten und dazu Gedichte aufsagen. »Das sind harmlose Fälle, zwei Oberstudienräte für Deutsch und Französisch. Ihr Helfersyndrom war nach dreißig Jahren Schuldienst kaum noch zu bändigen. Sie sind in den Ferien mit ihren Schülern verreist, haben am Wochenende für sie gekocht, Schach und Tennis mit ihnen gespielt. Hier arbeiten sie ihren Missionstrieb an Bäumen und Blumen ab und bekommen hochdosiertes Valium.«

Die Journalisten forschen halbherzig nach Hintergründen für all die kranken Pädagogen, die im Sanatorium Perlenketten aufziehen, kreative Briefe an ihr verlorenes Ich schreiben und ihre Wut ungeschickt an Punchingbällen auslassen. Natürlich versuchen Gewerkschaften und Lehrervertreter wie üblich, den Schwarzen Peter der Politik zuzuschieben. Lehrer würden durch zu viel Lärm und Dauerstress krank, durch zwei, drei Zusatzstunden, durch die Häufung angeblich »schwieriger« Schüler in ständig größeren Klassen, durch offene Verachtung und dadurch, dass die Schule immer neue gesellschaftliche Probleme kompensieren soll.

Glücklicherweise finden unsere Journalisten aber auch kompetente und unparteiische Fachleute, die eine Schule das letzte Mal vor vierzig Jahren betreten haben. Von ihnen erfahren sie, dass eventuell vorhandenes Lehrerleid in der jeweiligen Persönlichkeitsstruktur begründet liegt: Die falschen Menschen haben es sich im falschen Beruf bequem

Baumtherapie, eine wirksame Hilfe bei Burnout-Syndrom

gemacht! Viel zu lange haben labile und gestörte Akademiker im Schuldienst eine Scheinheimat gefunden. Mangelnde Professionalität ersetzen sie durch Betroffenheitspädagogik. Sie arbeiten an den Kindern ihre eigenen Defekte ab. Lassen ihre kranke Gefühlswelt in den Unterricht einfließen und geben den äußeren Umständen die Schuld an ihrem Versagen.

Aber das wird in Zukunft anders! In den Ministerien wird »angedacht«, Pädagogen sinnvoll auszubilden. Die Presse jubelt schon: »Nur die Besten sollen Lehrer werden!« Nur wer nach ein paar Semestern in Mathe oder Englisch eine Eins hat, darf überhaupt noch weiterstudieren und als Lehrer reüssieren. Mit einer Drei kann man aber Schulassistent werden: Arbeitsblätter und Taschentücher verteilen, Toiletten aufschließen, Schuhe zubinden und Lehrer, die noch antiquiert ausgebildet sind, im Rollstuhl durch die Schule schieben.

Leider muss aber aufgrund des drohenden Pädagogenmangels bald jeder rekrutiert werden, der einen Rotstift halten kann. Außerdem wollen junge Menschen dank »kompetenter« Presseberichte viel lieber Journalisten, Ohrenärzte und Psychotherapeuten werden – und keine kranken Lehrer ...

Die Brave

Vorgesetzte schätzen sie. Denn sie erfüllt eifrig alle übertragenen Aufgaben und entwickelt keine eigenen Ideen. Sie fragt nicht nach dem Sinn von Anweisungen, sie kritisiert nicht. Sie hängt andächtig an den Lippen des Schulleiters. Sie lächelt über seine faulen Witze und nickt erfreut zu all seinen Lästereien. Sie weiß ja nicht, dass er über sie genauso herzieht, wenn sie das Amtszimmer verlassen hat. Sie weiß nicht, dass er gerade ihren vorauseilenden Gehorsam besonders witzig findet. Sie klärt ihn darüber auf, wer im Lehrerzimmer widerspenstige Äußerungen von sich gibt. So ist der Schulleiter immer gut informiert und kann Palastrevolutionen im Keim ersticken. Hier mal eine Vertretungsstunde mehr, dort mal eben die Umsetzung an eine andere Schule in Aussicht gestellt – das hält die meisten Lehrer friedfertig.

Die brave Kollegin darf kommissarisch einen ganzen Fachbereich leiten. Wenn diese Planstelle jemals offiziell ausgeschrieben wird, kann sie sich als bewährte Kraft gleich draufsetzen. Denkt sie. Dafür tut sie beflissen ihre Pflicht. Sie führt viele Listen, 'hakt darin die zuverlässigen Kollegen ab und streicht die anderen rot an. Die müssen dann Protokoll schreiben oder bei der nächsten Inventur im Erdkunderaum Landkarten ordnen.

Alle halten sie für brav und fleißig. Unschlüssig wühlt sie in ihren Amtsblättern und Rahmenplänen. Vielleicht kann ihr ein Kollege die Entscheidung abnehmen? Nur keine klare Linie zeigen, da wird man ja angreifbar. Ihre vage Konferenzführung macht viele Sitzungen pro Schuljahr nötig. Dafür wäscht sie hin und wieder, wenn sie Publikum hat, die eingetrockneten Kaffeetassen im Lehrerzimmer ab und sorgt für saubere Geschirrtücher. Allerdings nicht ohne vorwurfsvolle Bemerkungen. Mit diesem ständigen »Ts, ts, ts« in Worten und Taten kann man anderen vorzüglich ein schlechtes Gewissen vermitteln.

Alle halten sie für korrekt und gradlinig. Und glauben, ihren Augen nicht zu trauen, wenn sie Gegenläufiges bemerken. Aber doch nicht die Kollegin kommissarische Fachbereichsleiterin! Die würde sich nie die artigen oder leistungsfähigeren Schüler unter den Nagel reißen, bevor die Kollegen die Namenslisten überhaupt gesehen haben. Seltsam ist es schon, dass ihre Schüler immer die neuesten Bücher bekommen und in den großen, hellen Unterrichtsräumen sitzen. »Hach, meine Gruppe ist doch viel größer als deine! Kannst du nicht in den Dunkelraum gehen? Da kannst du doch viel besser Filme zeigen!«

Riecht es irgendwo nach Ermäßigungsstunden, hat sie die gekrallt, bevor jemand anderes Begehrlichkeiten entwickeln kann. Es regt sich kaum jemand darüber auf. Wer die Macht über Listen und Sitzungen innehat, hat eben auch das Zugriffsrecht. Fairness, Kollegialität? Schön dumm, wenn's um Spreu und Weizen geht!

Den Männern im Lehrerzimmer gehört ihre ungeteilte Aufmerksamkeit. Da kann sie in noch so wichtige Gespräche mit Kolleginnen vertieft sein – wenn ein Mann sich nur nähert, ist alles andere unwichtig. Sofort wendet sie sich ihm zu und wartet lächelnd auf seine zentralen Fragen und förderlichen Erkenntnisse. Im Zusammenhang mit Frauen benutzt sie gerne Wörter wie »katzig«, »zickig« oder »stutenbissig«. Da grinsen die Herren der Schöpfung. Sie haben schließlich schon immer gewusst, wie Frauen untereinander sind!

Den Stundenplan macht übrigens auch ein Mann. Wenn man sich dem lange genug auf den Schoß setzt, springt schon mal ein freier Tag heraus, oder der Unterricht endet nicht erst nach der achten, neunten Stunde. Wie der Plan der Kollegin aussieht? Überflüssige Frage. Aber heftige Klagen führt sie trotzdem, um nicht in den Geruch von Privilegien zu geraten.

Der Umgang mit Schülern ist nicht unbedingt ihre Passion. Wenn die »pubertären Ungeheuer« in der Pause ans Lehrerzimmer klopfen, öffnet sie nur widerstrebend. Die Bemühungen um äußerste Korrektheit und gradlinige Planerfüllung lassen keinen Spielraum für Kreativität und ein wenig Humor. Entsprechend freudlos verlaufen ihre Unterrichtsstunden. Für alle Beteiligten. Schüler nerven und überfordern sie. Sind frech und vorlaut, wollen immer nur Ungebührliches und sind deshalb beizeiten mundtot zu machen.

»Keine Zeit, keine Zeit!« Hastig packt sie ihre Lehrbücher und flieht. Im Lehrerzimmer ist sie sicher. Da liegen ihre Listen, Ordner und Themenvorschläge, die sie in ihrem langen Lehrerinnendasein gesammelt hat. Sie kommt viel an anderen Schulen herum, da kann man immer mal was abgreifen. Die Fachbereichsordner stehen fest verschlossen in ihrem Schreibtisch. Da kommt keiner ran, da wird auch nichts verborgt. Übrigens: Noch bevor das neue Lehrerzimmer offiziell bezogen werden konnte, hatte sie schon den Schreibtisch in der sonnigen Fensterecke okkupiert. Natürlich reiner Zufall.

Vorgesetzte mögen sie. Pflichtbewusst und korrekt, wie sie ist. Wenn die Planstelle endlich ausgeschrieben wird, bekommt sie die trotzdem nicht. Dafür hat der Schulleiter jemand anderen vorgesehen. Einen Mann. Ätsch!

Leise Schadenfreude

Als Pädagogin bin ich ein wandelndes Vorbild, ein rundum guter, edler Mensch – frei von Neid, Tücke und Eifersucht. Das Einzige, was ich mir bisweilen gestatte, ist ein wenig Schadenfreude. Aber nur ganz heimlich.

Meine Freundin ist Frauenärztin. Sie kann nie so recht verstehen, dass ich bisweilen leise weinend aus der Schule komme. Als ich ihr von meiner agilen siebten Klasse erzähle, die hochinteressiert an sexuellen Aktivitäten, aber weniger an deren Zusammenhängen und Folgen ist, schlägt meine Freundin vor, dass ich sie mit meinen Schülerinnen besuche. Sie will ihnen die Praxis zeigen und Berührungsängste nehmen.

In meiner zweiunddreißigköpfigen Klasse sind zwölf Mädchen. Am Besuchstag fehlen drei. Es ist also eine überschaubare Gruppe. Schon in der U-Bahn sind die neun Mädchen ausgesprochen gut gelaunt. Da ihnen meine Anwesenheit angeblich die Unbefangenheit nimmt, verbannt mich meine Freundin ins Wartezimmer. Dort lese ich Merkblätter über In-vitro-Fertilisation, Gleitgel und Faltenunterspritzung. Was heißt lesen? Das Gekreische und Gequieke aus dem Sprechzimmer stört enorm. Ich biete meine effektive Eingreifhilfe an. Aber meine Freundin lächelt. Sie werde mich schon holen, wenn es ihr zu viel wird.

Wenig später führen mir zwei Schülerinnen gackernd vor, wie sie mit einem Kondom über dem Kopf aussehen. Als wir nach einer knappen Stunde gehen wollen, tragen alle Mädchen diverse wassergefüllte Präservative bei sich: um den Hals gelegt, auf der Schulter drapiert, am Handgelenk schlenkernd. Meine Freundin hat einen leicht glasigen Blick und verabschiedet sich schnell. Sie muss noch ein paar Wasserpfützen aufwischen, den Untersuchungsstuhl neu einstellen (warum zeigt sie den Kindern auch die Hydraulik?) und ihre Broschüren über Beckenbodentraining und frühe Impotenz sortieren.

Im Fahrstuhl nach unten platzt das erste Präservativ. Ich lasse alle Wasserschläuche in einen Müllcontainer werfen und drohe mit Vergeltung, wenn die Rückfahrt in der U-Bahn nicht angemessen verläuft. Hinterher äußert sich meine Freundin am Telefon erleichtert über ihre Berufswahl. Nur äußerst ungern würde sie mit mir tauschen. Dabei hat sie bei diesem Kurzbesuch kaum ein Drittel meiner Klasse kennengelernt.

Da trifft es den Nachrichtensender härter. Meine zweiunddreißig Schüler treten geschlossen an. Die zehn Knaben, die zu früh erscheinen, schickt der Pförtner trotz unwirtlicher Temperaturen gleich wieder auf die Straße zurück. Er ist ein sensibler Mensch und mag keinen Krach. Die Klasse hat den Besuch im Fernsehstudio bei einer Umfrage gewonnen. »Schade, dass es nicht RTL ist«, murmelt Rocco im Treppenhaus. Als Trost liegen auf den Tischen Basecaps, Kugelschreiber und Schlüsselanhänger bereit.

Die Kinder werden unruhig: Gesunder Orangensaft und Selters sind in ausreichender Menge vorhanden, aber Cola ist eindeutig ein Defizitposten. Die Moderatorin kämpft um Aufmerksamkeit, aber es ist ein schwerer taktischer Fehler, Schülern vor einer Ansprache und vor einem anspruchsvollen Filmbeitrag den Sturm auf die Schokoküsse und die wenigen Colaflaschen zu erlauben. Mit giftigen Blicken »motiviere« ich die lieben Kleinen zu Ruhe und Aufmerksamkeit. Die beiden Moderatoren mustern mich unfreundlich, wie es viele Leute tun, die tagtäglich lesen, wie unfähig Lehrer sind.

Endlich geht es in Kleingruppen ins Aufnahmestudio. Bei der lebhaftesten Formation wandere ich vorsichtshalber mit. Aber als Nachhut im engen Gang kann ich nicht verhindern, dass Julian in die Kulissen fällt. »Melanie hat mich geschubst!«, empört er sich. Im Nu sind die edlen Glasplatten am Moderatorentisch von Fingerabdrücken übersät. Für die Nachrichtensprecher liegen unter dem Tisch weiche Papiertücher und Puderquasten bereit. Zumindest war das vor unserem Besuch so. Als die Kamera probeweise auf die Schüler gerichtet wird, müssen sie sich erst einmal mit Puder und Kleenex die Gesichter abtupfen. Der Scheinwerfer sei vorher schon locker gewesen, behauptet Kevin unschuldig. Ich hinterlasse für alle Fälle die Nummer meiner Haftpflichtversicherung.

Beim Abschied erklärt der Chefredakteur meine Schülern, dass der Sender leider keinen Platz für das nächste Betriebspraktikum habe. Eine Mischung aus Mitgefühl und Erleichterung liegt auf seinen markanten Zügen, als wir verschwinden. Zweimal im Jahr laden sie Schulklassen ein, hat er gesagt. Höchstens für zwei Stunden. Länger würden sie das nicht aushalten. Ich fahre mit meiner aufgekratzten Klasse zurück. Wir haben zusammen noch zwei Stunden Gesellschaftskunde und eine Stunde Musik. Und die Woche hat gerade erst angefangen.

Die Made im Speck

Fast unbemerkt von der kritischen Öffentlichkeit führt ein Wesen im Dunkeln sein selten privilegiertes Leben. Arbeitet mal hier, mal dort ein bisschen und zieht sich dezent zurück, sobald es ordentlich was zu tun gibt. Bekommt von Menschenansammlungen Kopfschmerzen und Ohrenpfeifen. Weist ständig greinend auf Familie, Gesundheit und angebliche Solidarität mit Arbeitslosen hin: die Teilzeitkraft im Schuldienst. Früher war es nur Lehrerinnen, die für Nachwuchs sorgten, erlaubt, eine Zeit lang halbtags zu arbeiten. Dann gab es auf einmal mehr als genug Lehrer, und man schickte sie in Sabbatjahre und machte ihnen Altersteilzeit schmackhaft, damit der Berufsnachwuchs Fuß fassen konnte.

Wir alle aber wissen, dass nur diejenigen Lehrerinnen und Lehrer ihre Stelle reduzieren können, die daheim im Keller fette Erbschaften und Lottogewinne bunkern, sich einen gut verdienenden Partner oder ein Reitpferd halten und etliche eigene Mietshäuser aussaugen. Die im Luxus schwimmen und sich nur noch deshalb stundenweise in der Schule betätigen, um ein wenig unter Menschen zu kommen. Andernfalls würden sie auf ihren Jachten in Langeweile und Müßiggang verkümmern.

Den Vollzeitschaffenden geht das Gejammer auf den Geist, dass Teilzeitkräfte geschont werden wollen. »Ich arbeite nur halbtags!«, weinen sie. Fassungslos, dass sie im Betriebspraktikum fünfundzwanzig Schüler betreuen sollen. Dabei haben sie genug Freizeit, um durch die Stadt zu fahren und während ihrer Shopping-Touren ein paar Schüler zu beaufsichtigen.

»Ich will heute nicht vertreten! Das ist schon meine vierte

Vertretungsstunde in dieser Woche!« Da kann man als Schulleiter nur den Kopf schütteln. Wer bitte soll denn sonst vertreten? Die Vollzeitkräfte haben überladene Stundenpläne – dank der Streichung des »Trottelbonus« (so nennt der obere Dienstherr die abgeschafften Ermäßigungsstunden für altgediente Lehrer) und dank der kontinuierlichen Arbeitszeiterhöhungen. Bei Vollzeitkräften gibt es kaum noch Reserven für Vertretungsunterricht. Nur Teilzeitkräfte haben genug Springstunden, Kraft und Ausdauer. Wozu werden denn wohl Freistunden in die Lehrerstundenpläne eingebaut? Genau! Um den Vertretungsplan zu konsolidieren.

»Ich kann aber nur bis zur sechsten Stunde arbeiten, dann muss ich mein Kind aus der Krippe holen!« Es ist nicht zu fassen. Teilzeitkräfte schaffen sich teure Hobbys an und finden es selbstverständlich, dass eine ganze Schule unter ihrer rücksichtslosen Familienplanung leidet. Wer als Lehrer unbedingt noch eigene Kinder braucht, soll gefälligst seinen Arbeitsplatz ganz räumen oder sich rund um die Uhr eine Tagesmutter mieten. Es gibt schließlich nachmittags jede Menge Konferenzen, Jahrgangssitzungen, Dienstbesprechungen, Elternabende und ähnlich wichtige Sitzungen wie die Steuergruppe, das Evaluations- und das Profilbildungsteam. Da kann man nicht auf die Stillzeiten junger Mütter Rücksicht nehmen. Das gab's vielleicht früher mal, bei den Achtundsechzigern, die das ganze Unheil in die Welt gebracht haben, egal, was es ist. Aber ich schweife ab …

Die alternde Teilzeitkraft hält sich demonstrativ den Rücken und murmelt etwas von Bandscheibenschäden. Sie imitiert ein tuberkulöses Hüsteln und doziert, dass sie schließlich aus gesundheitlichen Gründen auf ausreichend Lohn, Brot und Pension verzichte. Darüber hinaus stellt sie sich als besonders fair und anständig dar: »Wenn ich ganztags arbeiten würde, wäre ich mit Sicherheit häufiger krank und müsste wochenlang fehlen. Da würdet ihr euch ganz schön umgucken, wenn ihr meine ganzen Stunden vertreten müsstet!«

Man kann seiner Degeneration natürlich noch Vorschub leisten, indem man jammernd und klagend durchs Leben humpelt. Die angeblich kränkelnde Teilzeitkraft ist gesund genug, um sich in Moor und Fango zu suhlen und von Masseuren »aufbauen« zu lassen. Die so erreichte Entspannung sollte unverzüglich in ehrenamtliche Tätigkeit umgesetzt werden: Schulplanentwicklung, Betreuung der Schülerzeitung und des Aquariums, Aufbau von Chor und Orchester, Organisation sämtlicher außerunterrichtlicher Veranstaltungen, vom Tag der offenen Tür bis hin zum Lehrerfasching. Für solche Mätzchen haben Vollzeitkräfte nun wirklich keine Zeit und keinen Nerv!

Am schönsten ist die Teilzeitausrede: »Ich arbeite weniger, damit junge Lehrer eingestellt werden können!« Nach außen auf Mutter Teresa machen, aber in Wirklichkeit Chinchillas züchten und eigene Vernissagen eröffnen.

Aber was soll's. Das Thema Teilzeitarbeit wird sich bald von selber erledigen. Wenn in ein paar Jahren Tausende von Lehrern fehlen, wird Teilzeitarbeit ohnehin wieder nur Wöchnerinnen gestattet. Wer noch auf allen vieren in die Schule kriechen kann, soll sein Tun gefälligst ganztags verrichten. Bis dahin dürften das mindestens fünfunddreißig Wochenstunden sein. Und das Pensionsalter wird auf siebzig festgesetzt. Warum soll die junge Generation nicht von der Lebensweisheit und Erfahrung ihrer tattrigen Lehrer profitieren?

Schönen Urlaub!

Immer mehr Lehrer verweigern sich und führen keine Klassenfahrten mehr durch, seit man ihnen bei steigender Stundenzahl das Gehalt gekürzt hat. Verstehe ich nicht. Klassenfahrten sind doch ein herrlicher Zusatzurlaub: kein Ärger, kein Stress, keine Korrekturen oder Konferenzen. Leichten Herzens verzichte ich im Vordruck fürs Schulamt auf die früher übliche Reisekostenerstattung und auf die Erhöhung meines Teilzeitgehalts (sonst würde die Fahrt gar nicht erst genehmigt werden ...). Zwei Wochen mit freundlichen Kindern – dafür muss mich doch niemand bezahlen!

Bereits die Planung der Fahrt ist ein entspannendes Vergnügen. Keine Mutter, kein Schüler versucht mir einzureden, dass man eine gute Klassengemeinschaft nur auf Skiern in Südtirol oder beim Wellenreiten an der Costa Brava erreichen kann. Alle sind zufrieden mit Harz oder Spreewald. Und überglücklich, als wir nach Südengland zum Sprachkurs fahren. Alle bezahlen die Fahrt pünktlich. Ich muss keine Reisekosten für Eltern auslegen, die sich nicht aufraffen können, die Bank oder das Jobcenter anzusteuern.

Alle muslimischen Mädchen dürfen mit. Kein einziger Hausbesuch ist nötig, um großen Brüdern wortreich zu beteuern, dass wir Lehrer die Familienehre rund um die Uhr bewachen werden. Alle Schüler haben genau so viel Taschengeld dabei, wie wir es beim Elternabend abgesprochen haben. Keiner bunkert Euro-Reserven und Devisen im Kulturbeutel, mit denen er es den finanziell eingeschränkteren Mitschülern unterwegs richtig zeigen kann. Niemand versteckt Zigaretten und Flachmänner zwischen den Boxershorts.

Am Abfahrtstag besteigen die Schüler gesittet den Bus und streiten sich nicht um die Plätze. Alle unterhalten sich freundlich miteinander und dröhnen sich nicht mit ihren MP3-Playern die Ohren zu. Der Müll landet automatisch im Abfalleimer und wird nicht in den Gängen verstreut. Nach zwei Stunden harmonischer Fahrt bremst der Bus plötzlich. Wir stehen längere Zeit im Stau. Aber das ist gar kein Problem, weil unsere Schüler in der Zwischenzeit nett mit anderen Autofahrern flirten. Selbstverständlich führen sie ihnen dabei keine obszönen Fingerspiele vor! Niemand meckert, niemand gibt den Lehrern die Schuld am Stau. »Wie lange dauert das denn noch? Wieso mussten wir ausgerechnet diese Strecke nehmen? Hätten Sie das nicht besser planen können?«

Auf der Fähre erübrigt es sich, halb leere Whiskyflaschen zu konfiszieren, denn natürlich halten sich alle an das absolute Alkoholverbot, auch wenn der »Stoff« im Duty-Free-Shop überaus preiswert ist. Wir müssen keine deutschen Streithähne von französischen trennen und keine erbitterten Debatten über die Zimmerbelegung führen. Am englischen Zielort gibt es mehrere Piercing-Studios, die viel billiger als die deutschen Dependancen sind. Aber unsere Schüler würden sich niemals heimlich Löcher in Zungen und Bauchnabel stanzen lassen. Schließlich wissen sie, dass Selbstverstümmelung zu unangenehmen Schwellungen, Entzündungen und zu Ärger mit dem Lehrpersonal führt.

Am englischen Essen mäkelt niemand herum. Unsere Schüler sind weltoffen und tolerant, sie jammern nicht nach Muttis Küche. Alle essen widerstandslos Obst und Gemüse und erledigen kampflos ihre Haushaltspflichten. Auch die Knaben. Kein einziges Wort muss über Körperpflege verloren werden, weil unsere Kleinen reinlich sind. Es bedarf keiner sanften Aufforderung, regelmäßig Seife, Shampoo und Deo zu benutzen oder mal die müffelnden Socken zu wechseln.

Unser liebevoll arrangiertes Kulturprogramm wird dankbar angenommen. Niemand schnarcht laut im Bus, wenn die

Reiseführerin London erklärt. Niemand schlurft mürrisch durch Schlösser und Museen und stört den historischen Vortrag durch abfällige Bemerkungen und Gekicher. Niemand käme auf die lebensmüde Idee, über dem Abgrund auf der Schlossmauer zu balancieren. Der Schmetterlingsbestand im Freiflugraum wird nicht reduziert, die Strandpromenade nicht mit Graffitis verunziert, und im Einkaufszentrum bezahlen die Schüler immer artig alles, was sie mitnehmen wollen. Bei Mahlzeiten und Ausflügen sind alle pünktlich, um Lehrer und Busfahrer nicht zu vergrämen.

Das soziale Leben verläuft ohne Konflikte. Auf Ausflügen wirft niemand mit Steinen und verletzt den Nachbarn am Kopf. Es gibt keine Streitereien, geschweige denn Prügeleien um Fußballtore, Sexualpartner oder Weltreligionen. Keiner käme auf die Idee, im sommerlichen Wald zu rauchen oder sich gar der Unzucht zu widmen.

In meinem luxuriösen Einzelzimmer finde ich Erholung und Ruhe. Keine Kollegin wirft sich im Bett neben mir unruhig hin und her, kein Schülerwildwechsel auf den Fluren schreckt mich aus dem Tiefschlaf. Ich muss mich nicht draußen im Dunkeln postieren, um lokalen Machos oder heimlichen Discogängern aufzulauern. Dass man auf Klassenfahrten auch als Teilzeitkraft Dienst rund um die Uhr tun muss, ist reine Gewerkschaftspropaganda!

Nach vierzehn ereignisreichen Urlaubstagen kommen wir fröhlich und vergnügt zurück. Alle Schüler und Eltern verabschieden sich dankbar, keiner rennt einfach weg und lässt uns wie die letzten Trottel auf dem Schulhof stehen. Wir müssen nicht zwei Stunden lang warten, bis auch die letzte Schülerin von ihren Bezugspersonen abgeholt worden ist. Mein Auto steht an derselben Stelle wie vor der Fahrt und wurde nicht wegen unvorhergesehener Marathonläufe abgeschleppt. Die nette Elternvertreterin fragt, ob der Urlaub schön war. Wir Lehrer lächeln still vor uns hin und träumen schon von unserer nächsten Klassenfahrt!

»Lehrer raus!«

Es ist von zentraler Bedeutung, dass Künstler und echte Experten das wahre Leben in die Schulen bringen und den Lehrern demonstrieren, wie bedeutungslos, unfähig und überflüssig sie eigentlich sind.

»Eure Lehrerin muss leider, leider draußen warten«, zwinkert die muntere Sexualberaterin meinen Schülern zu. Ich habe nichts dagegen, zwei Stunden im nächsten Café zu warten. Ich weiß seit geraumer Zeit, wie man verhütet. Aber mich stört dieser verschwörerische Tonfall, mit dem die Kinder gewonnen werden sollen: »Eure blöden Lehrer wollen wir nicht dabeihaben, gell? Mit mir könnt ihr alles besprechen, was ihr die Alte nie fragen würdet. Ich verstehe euch.«

Wer hat die Schüler denn eigentlich bei dieser Beratungsstelle angemeldet? Jemand von diesen beknackten Lehrern kann es eigentlich gar nicht gewesen sein. Auf der Heimfahrt lässt mir Alexander diskret eins der vielen Kondome, die er bei der Beratungsstelle mitnehmen durfte, in die Manteltasche gleiten. Vorher hat er ganz sachlich gefragt: »Wollen Sie auch eins?« Lehrer und Schüler haben halt immer ein ganz schauriges, verklemmtes Verhältnis zueinander.

Auch die AIDS-Prophylaktiker schicken mich vor die Klassentür, bevor ich »Guten Tag« sagen kann. Nur absolut lehrerfreie Atmosphäre ermögliche ein vertrauensvolles Gespräch mit den Schülern, betont der junge Mann mit dieser distanzierten Miene, die so viele Leute aufsetzen, wenn sie erfahren, welchen Beruf ich habe. Seine Begleiterin lächelt mich mühsam an und begibt sich mit den Mädchen in einen anderen Raum.

Ich gehe derweil ins Lehrerzimmer und miste die Heftstapel auf meinem Platz aus. Auf dem Weg zur Recycling-Tonne verharre ich ein paar Sekunden an der Klassentür, hinter der meine Knaben grölend ihre Zoten ablassen. Anscheinend führt der Sexualtherapeut gerade diverse Kamasutra-Stellungen mit seinen pädagogischen Biegepuppen vor. Höre ich da etwas Angestrengtes in seiner Stimme?

»Es war ganz schön schwierig mit Ihrer Klasse!«, klagt er, als er seine Hochglanzbroschüren und konisch geformten Ersatzteile wieder einpackt – nachdem ich sie den kreischenden Schülern abgejagt habe. »Alles Ihre Schuld, dass sich die Schüler so vorlaut und pubertär benommen haben«, sagt der vorwurfsvolle Blick des AIDS-Prophylaktikers.

Wir wandern zur Projektwoche in eine dieser künstlerischen Institutionen, die es zu meiner Freude im Kiez gibt. Die attraktive und interessante Themen für Jugendliche anbieten können, frei von erdrückender Lehrplanfülle und überflüssigem Bürokratiekram. Ich würde auch lieber nur »kreativ schreiben«, Talkshows produzieren und Songs dichten, als Mitlautverdopplung, Argumentation und dröge Texterschließung zu üben.

In der Vorbesprechung will ich etwas zu meiner Klasse sagen, aber das interessiert die drei berufenen Künstler nicht sehr. Leicht genervt erklären sie mir die Hausregeln, für deren Einhaltung ich zu sorgen hätte. Ansonsten solle ich mich während des Projekts zurückzuhalten. Als ich später versuche, diese Hausregeln durchzusetzen (pünktlich kommen, nicht rauchen, Tische abräumen, abwaschen), fallen mir die Künstler jedes Mal watteweich in den Rücken: »Ach, lassen Sie! Ist doch nicht so schlimm.« Schadenfroh grinsen mir einige Schüler zu. Es macht Spaß, wenn Erwachsene sich nicht einig sind.

Beim Theaterspiel will ich dem leitenden Künstler eine kleine Änderung vorschlagen, wichtigtuerisch, wie Lehrer nun mal sind. Er lächelt geringschätzig und schweigt. Sein

»Eure Lehrerin muss leider, leider draußen bleiben.«

Blick sagt: Typisch Lehrer. Ätzend! Agieren im gesellschaftlichen Vakuum, kennen die Sprache ihrer Schüler nicht, verstehen nichts von deren Problemen, aber wollen sich ständig einmischen und mitreden. Lästig! Später wird er meinen Vorschlag als seinen eigenen verkaufen. Aber erst einmal verweist er mich des Raumes. Die Gruppe sei durch meine Anwesenheit zu gehemmt.

Meine Schüler fragen mich hinterher vorwurfsvoll, warum ich nie bei den Proben zugesehen hätte. Sie beklagen sich über den launischen Theaterleiter, der sich nur mit den zwei Begabteren beschäftigt habe. Und dann parodieren sie mir – frei von jeder Hemmung – gekonnt und boshaft seinen Manierismus.

Der eingeladene Polizist baut sich selbstherrlich vor der Klasse auf, als sei er allein schon dadurch ein besserer Mensch, weil er nicht den Lehrerberuf gewählt hat. »Na, da wollen wir mal eure Lehrerin fragen, ob sie das weiß.« Nein, sie weiß es nicht, welcher Strafgesetzparagraf hier greift, und der Polizist freut sich, dass er meine Schüler zum Lachen gebracht hat.

Beim Erste-Hilfe-Kurs muss ich einen müffelnden Motorradhelm aufsetzen und mich scheinverletzt auf der Decke am Boden wälzen. Gut, dass ich Jeans anhabe. Feinfühlig reißen mir die Schüler den Helm vom Kopf. Im Ernstfall wäre ich jetzt querschnittsgelähmt. Der junge Sanitäter hat sich schnell Freunde geschaffen, indem er anmerkt: »Ihr seid zur Hilfeleistung verpflichtet. Auch wenn es sich um eure Lehrerin handelt!« Als ich die appetitliche Gummipuppe nicht ordnungsgemäß beatme, flötet er: »Nun zeigt mal eurer Lehrerin, wie das richtig geht!«

Die elegante Dame von der Krankenkasse, Abteilung Berufsberatung und Werbung, weist die Schüler – mit anzüglichem Seitenblick auf mich – darauf hin, dass nicht alle später satte Beihilfen und Beamtenpensionen kassieren würden. Deshalb müssten die Schüler entsprechend vorsorgen.

Der Leiter der Zahnklinik erfreut die Schüler, indem er ihnen auf Dias schadhafte Gebisse vorführt: »So sehen eure Zähne später auch aus, wenn ihr im Alter eurer Lehrerin seid!« – »Und in Ihrem Alter haben wir dann gar keine mehr«, sagt Maik frech. Toller Junge. Bekommt nachher von mir eine Eins in Rhetorik!

Im Castingfieber

»Ich kann morgen den Test nicht mitschreiben!« Lisa hält mir triumphierend eine Entschuldigung vor die Nase. »Ich hab ein Casting!« Etwas unsicher stimme ich zu. Ein Casting? Die kleine, pummelige Lisa? Was hat sie, was ich nicht habe? Mittlerweile weiß ich es: Eine zielstrebige Mutter, die ihr Kind von einem Casting zum nächsten zerrt. Lisa hat sogar einen eigenen Agenten. Zwar macht sie bisher nur Reklame für Fruchtjoghurt und war Statistin in einer Seifenoper, aber viele Stars haben klein angefangen!

Sicherheitshalber lasse ich mir schon mal ein Autogramm geben. Lisas Aufsatzhefte hebe ich auf. Wenn später die Reporter unsere Schule belagern, bekomme ich vielleicht ein kleines Stück von Lisas Ruhm ab. Ich hatte immerhin schon zwei Stars in meinen Klassen, die durch ihre Karriere bewiesen haben, dass Schule völlig unwichtig ist. Der eine singt – von der Lokalpresse viel beachtet – schaurige Moritaten und begleitet sich dabei auf einer Drehleier, die andere spielt in einem niveauvollen Privatsender käufliche Mädchen.

In meiner neunten Klasse stelle ich fest, dass ich die Einzige bin, die noch nie bei einem Casting war. Ein Mädchen hat als Baby Modefotos gemacht, ein anderes einen Werbefilm für die SPD gedreht – als glückliche Schülerin, die gerade in den Genuss der lange versprochenen Bildungsreform kommt: Sie sitzt in einem hellen Klassenraum, zusammen mit zehn anderen glücklichen Kindern und vielen Grünpflanzen, und wird von einer blutjungen Lehrerin verwöhnt.

Meine Schüler sind über alle Castingshows im Fernsehen bestens informiert. Sie zählen mir jede Menge Details und

Namen auf. Kein Wunder, dass im Hirn der Speicherplatz für fremdsprachige Vokabeln und Hausaufgaben fehlt. Geduldig erklären sie mir, wie man berühmt wird. Sie streiten darüber, welche geklonte Band beim Wettbewerb den Sieg verdient. Sie streiten immer noch, als ich längst meinen Unterricht über Dürrenmatts »Physiker« begonnen habe. Und hören erst dann unwillig auf, als ich die Augen böse zusammenkneife und meine Stimme einen schrillen Unterton bekommt.

Meine Schüler bringen selbst gefertigte Portfolios mit, in denen Artikel und Bilder ihrer Möchtegernstars kleben – sorgfältig und sauber beschriftet, wie ich mir Schulhefter immer vergeblich wünsche. In den Pausen werden mir singende Freunde aus den Parallelklassen präsentiert. Alle schauen mich erwartungsvoll an. Ich bin betreten und versuche tapfer, das zu überspielen.

Was soll ich um Himmels willen sagen, wenn mannshohe Knaben mit Fistelstimme süßliche Tremolos produzieren? Wie ihre berühmten Vorbilder dramatisch mit den Händen durch die Luft fahren? Soll ich es jetzt wie in einer richtigen Castingshow machen? »Du singst, als ob du gleich in die Tonne kotzt«, sagt da die Jury. Oder: »Du stehst da wie eine festgetuckerte Fleischwurst!« Oder: »Wenn du morgens onanierst, kommt hoffentlich mehr dabei raus!« (Übrigens alles Originalzitate aus »Deutschland sucht den Superstar« – von Dieter Bohlen, den Jugendliche gern als Vorbild nennen und der nicht nur fromme Sprüche von sich gibt, sondern auch feingeistige Bücher veröffentlicht.)

Als Lehrerin muss ich sehr vorsichtig und diplomatisch sein. Schon leiseste Kritik ruft beleidigte Mienen und zerknüllte Arbeitsblätter hervor. Und treibt empörte Eltern ans Telefon. Dabei würde ich manchmal schon gern sagen: »Du schreibst wie ein besoffenes Huhn.« Oder: »Dein Aufsatz war nicht nur schlecht, sondern grottenschlecht.« Oder: »Sing dieses Lied nie wieder!«

Der Zeitgeist verblüfft mich, der Tausende von Jugendlichen zu solchen Castings strömen lässt. Klar, wer will nicht reich und berühmt werden? Aber so? Da stehen Kinder tränenden Auges vor der Fernsehnation und hören sich masochistisch an, wie unterdurchschnittlich ihre Leistungen sind. Lassen sich höhnisch heimschicken und verlassen schluchzend das Studio, um im letzten Moment von der Jury noch eine allerletzte Chance zu bekommen. Vielleicht wäre Schule auch viel spannender, wenn wir Lehrer nach einer Abiturprüfung verkünden: »Schade, Martin, das hat nicht ganz gereicht für eine Vier.« Der junge Mann schleicht niedergeschlagen aus dem Prüfungsraum. Er hat doch heute sein Bestes gegeben. Als er die Tür von außen schließen will, flötet die Vorsitzende hinterher: »Es hat aber gereicht für eine Zwei! Herzlichen Glückwunsch, Martin!«

Wahrscheinlich packen Eltern und Lehrer ihre Schützlinge viel zu sehr in Watte. Vielleicht sollten sie ihre Meinung auch ganz offen und brutal äußern. Dieses Bedürfnis vieler Jugendlicher, in aller Öffentlichkeit und Offenheit niedergemacht und blamiert zu werden, muss schließlich eine Ursache haben.

Die peinlichsten Castingauftritte werden zusammengeschnitten und immer wieder im Fernsehen vorgeführt. Diese Abfolge lächerlicher und grenzdebiler Kandidaten schätzen meine Schüler besonders. Was ist schöner als Schadenfreude? Meine Bedenken wischen sie locker vom Tisch. Jeder weiß doch, was ihn im Fernsehen erwartet. Selber schuld, wenn man sich so bloßstellt.

Anscheinend ist es ein Lebensziel, um jeden Preis ins Fernsehen zu kommen. Als stammelnder Talkshowgast, als quietschende Sängerin, als trauriger Comedian oder als stocksteifes Model. Hauptsache, einmal nach den Sternen gegriffen. Ein Privatsender fragt in unserer Schule an, ob wir türkische Mädchen zur Verfügung stellen könnten, die wegen ihres Freundes Probleme mit der Familie hätten. Sofort melden sich drei Schülerinnen aus meiner Klasse. Die haben zwar gar keinen Freund und auch keine strengen Eltern, aber sie würden für einen Fernsehauftritt fast alles erfinden!

Im neuen Fortbildungsverzeichnis werden zwei Kurse angeboten, wie man als Lehrer seine Schüler für Castings aller Art vorbereitet. Klar habe ich mich angemeldet! Vielleicht werde ich als Coach selber reich und berühmt.

Spieglein, Spieglein an der Wand

Er muss immer ganz ergriffen lächeln, wenn er sich in einem Spiegel oder in einer Fensterscheibe erblickt. Nicht, dass er so schön wäre. Aber wenn einem die eigene Wichtigkeit so entgegenstrahlt, ist das einfach ergreifend. Mit hoch erhobenem Haupt strebt er durch die Schulflure. Er grüßt nicht. Er wird gegrüßt. Eventuell lässt er sich dazu herab und nickt huldvoll zurück. Aber meistens ist er so von der eigenen Bedeutsamkeit erfüllt, dass er das Gewürm, das seinen Dienstweg kreuzt, gar nicht wahrnimmt. Er macht für andere keinen Platz. Das Fußvolk räumt ihm den Weg und drückt sich an die Wand, damit er gravitätisch vorbeidefilieren kann. Andernfalls würde man schmerzhaft mit ihm zusammenstoßen.

Wenn die niederen Chargen mit ihren banalen Alltagsgeschäften beim Schulleiter Schlange stehen, drängt er sich vorbei. Er hat es eilig, er ist wichtig. Er muss gleich in die Oberstufe und sein wertvolles Gedankengut weitergeben. Wobei sein spritziger Intellekt von großem Vorteil ist. Ihm fressen die Schüler aus der Hand, besonders die Mädchen. Sie hängen an seinen Lippen und notieren seine existenziellen Gedanken. Kein Kollege hat so viel Erfolg im Unterricht wie er! Stolz rühmt er sich auf Konferenzen seiner Tatkraft, seiner Geistesblitze und Erleuchtungen. Disziplinprobleme sind kein Thema für ihn. Mitleidig verfolgt er entsprechende Diskussionen des pädagogischen Fußvolkes.

Selbstherrlich geht er seines Weges. Nicht im Traum käme er auf die Idee, eine für ihn offen gelassene Tür hinter sich zu schließen, im Lehrerzimmer ans klingelnde Telefon zu gehen oder auf einen klopfenden Schüler zu reagieren. Dafür hat er

Dienstbolzen. Und die arbeiten gern für ihn. Besonders Frauen. Sie lächeln geschmeichelt, wenn er ihnen ins Wort fällt oder ihnen den Weg abschneidet. Sie kichern erregt, wenn er geruht sie wahrzunehmen, ihnen einen kleinen Scherz mit auf den Weg gibt oder mal die Tür aufhält – mehr aus Versehen, nicht etwa aus Hilfsbereitschaft oder Galanterie.

Mit alten Zeitungen und Klassenarbeiten füllt er die Papierkörbe im Lehrerzimmer, aber natürlich trägt er nie so einen überquellenden Eimer zum Container auf dem Schulhof. Irgendeine Dumme findet sich immer, die seinen Dreck wegräumt. Bei kollegialen »Umtrünken«, an denen er gerne teilnimmt, weil er dort immer andächtige Zuhörerinnen vorfindet, lässt er sein schmutziges Tellerchen und sein klebriges Becherchen einfach stehen. Diese frustrierte Matheziege wird das wieder laut beanstanden, aber die anderen Mädels waschen klaglos ab. Ihm nehmen sie nichts übel. Er ist ein Schwanzträger, und noch dazu ein wichtiger.

»Sei doch nicht immer so aggressiv!«, wird die kritische Kollegin gerügt. Der Mann leitet schließlich einen großen Fachbereich und repräsentiert als Leistungsträger die Schule. Er hat einen unschätzbaren Wert für die Außenwirkung der Anstalt, er hat nämlich mal einen Preis gewonnen und durfte einem Politiker die Hand schütteln. Wie kann er mit dieser Hand fettiges Geschirr abwaschen und Essensreste entfernen?

Er bedient sich gern der Ideen und Unterlagen anderer. Da fragt er nicht lange. Er ist pikiert, wenn sich jemand deswegen beschwert. Es ist doch eine Ehre, von ihm beklaut zu werden. »Du kannst wohl nicht im Team arbeiten!«, sagt er empört, als er zur Rede gestellt wird. Er hat Beziehungen nach oben. Die pflegt er telefonisch, wenn sich viele Kolleginnen und Kollegen im Lehrerzimmer aufhalten und ehrfürchtig zuhören, wie er mit den Oberen plaudert und lacht.

Wenn man es sich mit ihm verscherzt, verdirbt man es sich mit allen wichtigen Männern in Schule und Amt. Das kann sehr schmerzlich sein. Wichtige Männer sind meist humorlos und reagieren sehr sensibel, wenn man sie nicht gebührend beachtet. Spott und Ironie vertragen sie überhaupt nicht. Schüler, die freche Abiturreden halten oder zweideutige Collagen aufhängen, bekommen auf Lebenszeit Hausverbot an der Schule. Majestätsbeleidigung ist schließlich kein Kavaliersdelikt!

Bei Konflikten mit Kollegen, Eltern oder Schülern weiß er die Schulleitung geschlossen hinter sich. Nicht umsonst hat er der jahrelang auf dem Schoß gesessen. Es hat keinen Sinn, den Kampf mit ihm aufzunehmen. Das weiß er. Die streitlustige Matheziege muss resigniert von dannen ziehen. Und seine Augen leuchten auf, als würde er sich gerade im Spiegel bewundern.

Kaugummikauen macht intelligent!

Wo steckt bloß dieser Zahnarzt, der beharrlich behauptet, dass Kaugummikauen gesund sei? Laufend hält mir irgendein Schüler, dem gerade eine grüne oder blaue Blase vor dem Mund zerplatzt, seine Zeitungsartikel vor die Nase. Ich möchte den Zahnarzt so gern mit meiner siebten Klasse heimsuchen, damit er den Kindern seine Praxis zeigt, alles über Zahnpflege erzählt und sämtliche Hilfsmittel demonstriert: von der handbetriebenen Zahnbürste mit zweiseitiger Kippmechanik bis hin zur elektrischen mit animierender Begleitmusik. Vielleicht schenkt er uns auch ein paar Zahnpastaproben mit Nutella-Geschmack.

Wie er das wohl findet, wenn dreißig Kinder vor ihm sitzen, unablässig mit den Kiefern mahlen und ungeniert schmatzen? Gerade als er das Schaubild mit dem spätkariösen Gebiss erläutern will, macht es laut »Peng«, und Sascha wischt sich die Kaugummireste aus dem Gesicht. Wenn wir Glück haben, klebt während des Fachvortrags kein Schüler seiner Nachbarin einen ausgedienten Kaugummi ins Haar oder auf die Schulter.

Nach unserer Heimsuchung durchsucht der Zahnarzt ein wenig missmutig seine Praxisräume nach unseren Hinterlassenschaften: ausgelutschte Kaugummis im Waschbecken, hinterm Monitor, auf dem Fensterbrett. Wenn der Herr Doktor vor seinem Behandlungsstuhl in die Knie geht, wird er darunter vier weitere Kaugummi-Applikationen entdecken. Auf der fünften kniet er gerade, und die sechste klebt an seiner Schuhsohle. Am selben Abend wird er seine wissenschaftlichen Statements relativieren. Er wird sich auf internationa-

Kaugummikauen ist gesund, fördert die Intelligenz und sieht gut aus!

ler Ebene davon distanzieren, dass Kaugummi ein wesentlicher Bestandteil der Kariesprophylaxe sei. Jede Wette!

Wenn unser Besuch ihm nicht zu dieser Einsicht verholfen hat, sollte er kurz vor den Sommerferien vorbeikommen, wenn wir unseren Klassenraum für nachfolgende Schülerpopulationen säubern. Und verbissen mit Spachteln und Küchenmessern versteinerte Kaugummis von Tischen und Stühlen heben. Da ich rachsüchtig bin, dürfen diese appetitliche Tätigkeit in erster Linie die Schülerinnen und Schüler ausüben, die mich das ganze Schuljahr über mit ihrem Kaugummigeschmatze gereizt haben.

Der Zahnarzt soll auch gleich diese renommierten Wissenschaftler mitbringen, die herausgefunden haben, dass Kaugummikauen die Konzentrationsfähigkeit und die Intelligenz erhöht! Sie haben das an Studenten untersucht, die mümmelnd Klausuren schrieben. Ich habe mich sehr zögerlich mit meinen Schülern auf ähnliche Experimente eingelassen. Sie hatten die entsprechenden Artikel gelesen und sie mir triumphierend unter die Nase gehalten – während sie Zeitungen sonst eher ungern konsumieren. »Sie als vernünftiger Mensch werden sich wissenschaftlichen Erkenntnissen doch wohl nicht verschließen?« (Meine Unterrichtseinheit »Argumentieren« war völlig überflüssig ...)

Notgedrungen ließ ich meine Schüler während der nächsten Klassenarbeiten Kaugummi kauen. Nach meinen Feldstudien muss ich allerdings feststellen, dass die Intelligenz ihres Gesichtsausdrucks reziprok zu ihrer Kauintensität steht. Je heftiger meine Schüler kauen, desto unintelligenter sehen sie aus. Und besser konzentrieren können sie sich schon gar nicht. Wahrscheinlich hat hier wieder jemand Zahlen und Ergebnisse falsch interpretiert. So wie beim Spinat, den Generationen unschuldiger Kinder voller Ekel löffeln mussten, weil angeblich so viel wertvolles Eisen darin enthalten war. Dabei war in der wissenschaftlichen Auswertung nur ein Komma zu weit nach rechts gerückt.

In Wirklichkeit schadet Kaugummikauen der kindlichen Persönlichkeit, der Hirnentwicklung und der Mimik. Und deshalb müssen sich meine Schüler zu Stundenbeginn ihrer Kaumasse entledigen. Im Papierkorb muss es laut und deutlich »Plopp« machen, sonst wird der Kaugummi im hohlen Zahn versteckt und mit ganz sanften Bewegungen verstohlen weiterbearbeitet. Viele Kinder schlucken ihren Kaugummi aber lieber herunter, als ihn wegzuwerfen. Dabei droht ihre Sportlehrerin immer damit, dass bei eventuellen Flatulenzen die Kaugummiblase dann im Slip klebt ...

Hat irgendein Internist behauptet, ausgelutschter Kaugummi enthalte hochwertige Eiweiße und Mineralien und schütze vor Magenleiden? Ich bitte um wissenschaftliche Aufklärung!

Richtig so!

Liebe Familie Kaschube,

wer sagt, dass das Leben sich ändern muss, nur weil man Kinder hat? Sie machen das ganz richtig. Sie pflegen weiterhin Ihre liebenswerten Hobbys und Gewohnheiten, und Ihr Sohn Paul hat die Chance, früh erwachsen zu werden.

Wie viele bedauernswerte Kinder werden von ihren Eltern betüttelt und noch mit zehn Jahren zur Schule gefahren! Mutti kontrolliert die Hefter, fragt nach den Hausaufgaben und lässt sich die Klassenarbeiten vorlegen. Morgens steht sie vor ihrem Kronprinzen auf, damit sie ihn rechtzeitig wecken kann, und arrangiert für die Schulpausen Sandwichs mit Salatblättern, Paprika und Möhrchen. Wenn Goldsohn schlechte Laune hat, wird er wie ein Kleinkind in den Arm genommen. Abends setzen sich die Eltern mit ihrer Brut zusammen und diskutieren die Ereignisse des Tages. Was sollen sie auch sonst tun, wo sie doch keinen Fernseher haben? Vielleicht lesen sie ihren Kindern eine Geschichte vor – oder noch viel lächerlicher: Sie denken sich selber eine aus. Am Wochenende haben sie nichts Besseres zu tun, als mit ihren Blagen in die Natur zu fahren. Wenn es regnet, besuchen sie Museen und erklären wichtigtuerisch die Exponate. Vati spielt Leitbild, bastelt und bolzt mit dem Sohn. Mutti fährt die Prinzessin zum Ballettunterricht. Was kommt dabei heraus? Unselbstständige, verwöhnte Gören. Weinerlich und anspruchsvoll.

Ihr Sohn Paul hingegen, liebe Familie Kaschube, strahlt eine erfrischende Coolness aus. Er ist seit frühester Kindheit daran gewöhnt, alles selber zu machen. Morgens holt ihn ein

Wecker aus dem Bett. Eventuell. Denn Sie müssen ausschlafen. Nach anstrengenden Abenden in »Kalles Tanke« oder in »Tweedy's Cowboy-Club« verzichten Sie nicht auf Ihren Erholungsschlaf, nur weil Paul morgens in die Schule muss. Was haben Sie damit zu tun? Ihre Schulzeit ist vorbei! Paul findet im Kühlschrank oft nur Hundefutter und Doppelkorn? Na und? Warum hat er am Vortag nicht eingekauft? Schließlich geben Sie ihm montags immer genug Geld für die ganze Woche. Wenn er sich davon Zigaretten kauft – selber schuld! Erstens weiß er, dass er mit zwölf Jahren noch nicht rauchen sollte, und zweitens muss er lernen, sein Geld einzuteilen. Wenn in der Mitte der Woche nichts mehr da ist – Pech gehabt.

Paul kommt häufig zu spät zur Schule und hat deswegen Ärger mit seinen Lehrern? Da muss er durch. Jeder Mensch trägt selber die Konsequenzen seines Handelns! Wenn die Lehrer gar zu sehr meckern und Sie gerade gut drauf sind, schreiben Sie Paul eben eine Entschuldigung für die vielen Verspätungen und Fehltage. Denn Paul geht nicht immer gern zur Schule. Er hat einen ausgeprägten Abenteuer- und Forscherdrang. Viel lieber läuft er auf Bahnhöfen und in Einkaufszentren rum. Darüber können Sie nur grinsen. Sie sind auch nicht sonderlich gern in die Schule gegangen.

Nur leider lassen die Lehrer nicht locker und schicken Ihnen ständig alberne Briefe. Laden Sie zu Gesprächen in die Schule ein. Drohen mit Schulversäumnisanzeigen, Bußgeldern und Polizeibegleitung, nur weil Paul den Weg in die Schule nicht findet. Was haben Sie damit zu tun? Sie haben Paul schließlich gesagt, wann er morgens aufstehen und losgehen muss. Sie haben ihm auch erklärt, was passiert, wenn er keinen Schulabschluss bekommt. Was sollen Sie denn noch alles machen? Sie sorgen für Essen und Kleidung, und den Rest soll gefälligst die Schule erledigen. Das haben Sie der penetranten Klassenlehrerin auch klipp und klar am Telefon gesagt. Sie haben genug anderes zu tun. Die Lehrerin war sprachlos und hat nach Worten gerungen. Wollte Sie wieder zu einem Gespräch in die Schule locken, um mit Ihnen über Ihren Erziehungsauftrag zu schwatzen. Da haben Sie aufgelegt.

Einmal hat die Frau einen Hausbesuch bei Ihnen angekündigt. Schön blöd von ihr. Da sind Sie eine Stunde früher als üblich in »Kalles Tanke« gegangen, und die Lehrerin hat umsonst vor der Tür gestanden. Ein anderes Mal ist sie unangemeldet aufgekreuzt. Sie hatte irgendeinen Mann dabei, den Sie nicht kannten. Aber fremden Männern machen Sie die Tür nicht auf. Man liest doch ständig, wie viele Betrüger und Trickdiebe unterwegs sind. Während die Lehrerin Sie ablenkt, räumt der Mann vielleicht Ihre umfangreiche DVD-Sammlung aus!

»Was wollte die denn?«, knurren Sie Ihren Sohn an. Der täuscht erst mal vor, keine Ahnung zu haben. Aber Gedächtnis und Sprachvermögen lassen sich durch eine kräftige Ohrfeige in Gang setzen. »Ach, die wundert sich bloß, dass ich ganz allein in der Wohnung bin, wenn ihr im Sommer in den Garten zieht. Sie hat irgendwas von Aufsichtspflicht und Jugendamt gefaselt«, sagt Paul. Dafür bekommt er gleich noch eine gelangt.

Wieso erzählt er Ihre Privatsachen in der Schule? Wen geht das etwas an, wo Sie die lauen Sommernächte verbringen? Paul soll in der Schule gefälligst sagen, dass alles bestens ist. Seine Eltern kämen abends immer vorbei und würden sich um alles kümmern. Sie kochen ihm was Leckeres und sehen die Hausaufgaben nach. Natürlich waschen sie auch seine Sachen. Es ist völliger Unsinn, dass Paul immer mit demselben dreckigen T-Shirt rumlaufen muss. Außerdem kann er ja wohl eine Waschmaschine bedienen. Die Gebrauchsanweisung liegt oben drauf. Oder hat ihm die Schule etwa nicht ordentlich beigebracht, wie man liest?

Eines Abends erwischt die Lehrerin Sie leider doch. Sie öffnen ganz ungefangen, weil Sie einen Kumpel erwarten. Da drängt sich diese Frau, die Sie nur von einem Klassenfoto kennen, schnell durch den Türspalt. Sie sucht alle Eltern heim, die ihren Kindern die Teilnahme am Schullandheimaufenthalt nicht erlauben. Sie hält Ihnen Vorträge, wie wichtig solche Fahrten seien – für die persönliche Entwicklung und für das soziale Klima in der Klasse. Und gerade für Paul, der oft so unbeherrscht und aggressiv sei. Wie bitte? Sie sind empört. So kennen Sie Ihren Sohn gar nicht! Daheim ist er immer ruhig und friedlich. Da müssen ihn in der Schule Mitschüler ärgern und provozieren. Ob sich die Lehrerin nicht mal darum kümmern wolle?

Aus Rache erzählt Ihnen die Klassenlehrerin, dass Paul ständig ohne Hausaufgaben und Arbeitsmaterial in die Schule komme und eindeutig zu viel fernsehe. Das könne gar nicht sein, erklären Sie. Sie würden ihn jeden Abend nach den Hausaufgaben fragen. Er hätte nie welche auf. Und fernsehen dürfe Paul höchstens am Wochenende. Woher er alle Serien und Talkshows kennt, sei Ihnen schleierhaft.

Um die Lehrerin wieder loszuwerden, erlauben Sie Paul die Teilnahme an der Klassenfahrt. Sie versprechen auch, sich darum zu kümmern, dass Ihr Sohn mehr Obst und Gemüse isst. Als die Fahrt ein paar Wochen später losgehen soll, ist Paul leider, leider krank und kann nicht mit. Das Geld brauchen Sie schließlich für wichtigere Dinge. Ihre Multi-Media-Anlage ist vom Feinsten, und die Silvesterknaller werden auch jedes Jahr teurer. Außerdem halten Sie sich nicht irgendwelche Promenadenmischungen, sondern Zuchthunde mit Stammbaum. Die brauchen was Ordentliches zu fressen, keine Abfälle in Dosen.

Die Lehrerin hat Ihre süßen Mastinos die ganze Zeit misstrauisch beobachtet, während sie über Pauls negative Entwicklung sprach. Sie hören eine Weile zu und denken sich Ihren Teil. Der Junge lässt sich eben nicht alles gefallen. Manchmal schlägt er eben zu, wenn ihm einer blöd kommt. Was ist falsch daran? Paul kann sich wehren, der ist kein

Opfer. Auf die ganzen Vorwürfe hin sehen Sie der Frau fest in die Augen und fragen: »Haben Sie eigentlich Kinder?« Sie windet sich: »Das tut hier nichts zur Sache!« Es gehe um Paul und nicht um ihre persönliche Situation. Woher soll die auch Kinder haben, so, wie sie aussieht.

Endlich geht sie. Hat Ihnen noch einen Dreistufenplan zur Erziehung in die Hand gedrückt: »Starke Eltern, starke Kinder«. Keine Ahnung, was das soll. Sie haben schließlich keine Probleme mit Paul. Bei Ihnen spurt der Junge. »Hol mal Bier, Paul. Aber dalli!«

Sport ist Mord

Ich habe als Schülerin wenig von Sport gehalten. Anstatt draußen rumzutoben, die Nachbarjungen zu verprügeln oder mich anderweitig körperlich zu ertüchtigen, saß ich in einer Sofaecke und las. Hin und wieder wurde ich durch laute Rufe meiner Mutter aufgeschreckt, die mir wesentliche Aspekte meines späteren Frauenlebens näher bringen wollte: etwa das Zubereiten von Hefeteig und holländischer Soße.

Dem Schulsport war ich schon gar nicht zugetan. Wir hatten so ein ältliches Fräulein (damals hat man bei der Anrede einer Frau wenigstens noch sorgfältig auf ihren Familienstatus geachtet) in braunem Trainingsanzug, das sein Studium im Dritten Reich absolviert haben musste und uns am liebsten Keulen und Reifen schwingen ließ. Beim Völkerball wählten mich die Sportskanonen meiner Klasse stets als Vorletzte in ihre Mannschaft, wussten sie doch, dass ich kaum einen Ball fing, mich dafür aber vorzüglich als Opfer gegnerischer Abwurfversuche eignete.

Beim Abitur hatte ich das »Glück«, in die Sportprüfung zu kommen. Denn bei den leichtathletischen Vorprüfungen hatte ich beim Weitsprung kein einziges Mal den Absprungbalken erwischt. Deshalb musste ich beim mündlichen Abitur im roten Ballonhöschen und weißen Hemd vor den Augen aller Fachlehrer Hängepartien am Stufenbarren und rhythmische Gymnastik vorführen. In ihren schwarzen Anzügen saßen lauter alte Zausel (weibliche Lehrer gab es bei uns nur vereinzelt) in der Sporthalle und erfreuten sich an meinem biegsamen, anmutigen Jungmädchenkörper und den albernen Übungen – ein Trauma fürs ganze Leben ...

Immer habe ich so unsportliche Klassen!

In späteren Jahren, als mein Rücken häufiger dezente Warnungen ausstieß, sah auch ich die Notwendigkeit sportlicher Betätigung ein. Seither buche ich nur noch Hotels mit Fitnessraum und Schwimmbad, jogge hechelnd durch die Wildnis, stemme Gewichte, bis die Sehnen quietschen, und führe verschreckten Kollegen gerne meinen Bizeps vor! Auf Wandertagen merke ich gar nicht, dass meine Klasse mit riesigen Fußblasen kilometerweit hinter mir liegt. Schon nach zehn Minuten jammern meine Schülerinnen und Schüler: »Ist es noch weit bis Moskau?« Sie stolpern mir durchs Dickicht hinterher und keuchen bei jeder fünfprozentigen Steigung.

Ich bekomme aber auch immer diese unsportlichen Klassen, die mich verständnislos ansehen, wenn ich Weisheiten wie »Mens sana in corpore sano« verkünde. Die in der Gymnastikhalle erschöpft auf die Bank sinken, wenn sie zwei israelische Tänze hinter sich haben, und meinen ironischen Vorschlag, mit Seniorensitztänzen fortzufahren, begeistert aufgreifen.

Meine Schülerinnen und Schüler graulen sich vor Sporttagen und Wettkämpfen. Keine einzige Urkunde ziert meinen

Klassenraum, während der Kollege nebenan mit den Erfolgen seiner Handballer sämtliche Wände pflastert. Bei Bundesjugendspielen schleppen sich meine Schüler auf die Versehrtentribüne, und ich sammle missmutig ihre Atteste ein. Nur vereinzelt wollen meine Schüler öffentlich Kugel stoßen oder zweitausend Meter laufen. Es hilft auch nichts, dass ich sie mit isotonischen Getränken und Eiweißriegeln versorge und mit leidenschaftlichen Schreien anfeuere. Sie lassen den Volleyball unter dem Netz durchfliegen, sie werfen den Basketball am Korb vorbei und sehen ihm versonnen hinterher.

Als meine Schüler bei einem Sport- und Spieltag wieder ihre Turnschuhe und Trainingsanzüge »vergessen« haben, gehe ich wütend mit ihnen in den Klassenraum und lasse sie einen besinnlichen Aufsatz schreiben: »Warum man Sport treiben muss«. Thomas schreibt: »Weil man die Bedingungen der Lehrer leider erfüllen muss. Es heißt ja, Sport sei gesund. Ich finde ihn einfach nur anstrengend. Und ich bin gegen jegliche Form körperlicher Anstrengung! Im Leben ist es viel wichtiger, geistig fit zu sein. Also sollte man in erster Linie seinen Intellekt üben. Manche Menschen treiben Sport, um ihren Körperbau in Form zu bringen oder um abzunehmen – was ihnen allerdings nur selten gelingt. Sex soll ja auch eine Art Sport sein. Manche Männer können beim Sex durch zu viel Erregung sterben!« (Originalton!)

Zwei Jahre später erblicke ich Thomas im Fitness-Studio. Er ist karmesinrot im Gesicht und arbeitet gerade an seinem Gluteus maximus (für die physiologisch Ungebildeten unter uns: der Gesäßmuskel). Ich grinse ihn an. Und er knurrt entkräftet: »Ja ja, ich weiß, Sport ist Mord. Aber seit meine Freundin zu so einem Bodybuilder übergelaufen ist ...«

Neue Lehrer braucht das Land!

Jahrelang ist es verantwortlichen Politikern gelungen, den pädagogischen Nachwuchs von den Schulen fernzuhalten und dafür den Akademikeranteil unter Taxifahrern zu steigern. Nun ist über Nacht in Deutschland der Lehrermangel ausgebrochen! Noch ein paar Jahre, und Tausende verbrauchter Lehrkörper verschwinden – völlig unerwartet – aufs Altenteil. Jetzt werden sämtliche Reserven mobilisiert. Leute, werdet wieder Lehrer! Wir nehmen jeden. Einzige Bedingung: aufrechter Gang und die Fähigkeit, ein Stück Kreide zu halten. Deutschkenntnisse sind von Vorteil.

Aber nicht nur erfahrene Arbeitskräfte aus der freien Wirtschaft und dem benachbarten Ausland gilt es zu gewinnen, auch der junge Mensch muss wieder angehalten werden, ein Lehramtsstudium aufzunehmen. Deshalb wendet sich die Bundesregierung mit diesem Schreiben an alle Schulabgänger:

Liebe Abiturientinnen und Abiturienten!

Hätten Sie nicht gern einen Beruf, der Ihnen Befriedigung, Anerkennung und ein gutes Auskommen garantiert? Stehen Sie manchmal neiderfüllt am Schulzaun und sehnen sich nach dieser paradiesischen Idylle, die sich vor Ihren Augen auftut? Blühende Gärten, spielende Kinder, lächelnde Lehrer. Ein Traumberuf mit Zukunft!

Warum Zaungast bleiben? Kommen Sie herein, machen Sie mit, werden Sie Lehrer! Hier und heute. In Hessen. In Schleswig-Holstein. In Berlin. In Deutschland.

Haben Sie sich einmal für diesen erfüllenden Beruf entschieden, wird schon das Studium Ihre positive Erwartungshaltung in jeder Hinsicht übertreffen! Als Lehramtsstudent zahlen Sie keine Studiengebühren und genießen innerhalb der Studentenschaft hohes Ansehen! Sie erhalten von kompetentem, methodisch geschultem Lehrpersonal einen umfassenden Überblick über Ihre zukünftigen Lehrfächer. Und nicht nur hier einen Brosamen spätromantische Lyrik, dort ein Krümelchen Kafka (aber nur aus psychoanalytischer Sicht und auch nur das Frühwerk!).

Sie müssen sich Sprachkenntnisse nicht teuer in privaten Instituten erkaufen, weil Sie in der Uni keinen Sitzplatz im überfüllten Sprachlabor finden oder die Assistentin zwar des Französischen mächtig ist, aber keine einzige Grammatikregel erklären kann. Bücher und alle benötigten Materialien für Sie stehen in der Universitätsbibliothek in ausreichender Anzahl bereit.

Ihr Studium zeichnet sich durch Praxisnähe und persönliche Betreuung aus. Liebevoll begleiten Sie erfahrene Professoren durchs Examen, nachdem Sie mit dem nötigen psychologischen Fingerspitzengefühl für den Schulalltag ausgerüstet worden sind.

Das Referendariat beginnen Sie guten Mutes, ohne längere Wartezeiten und auf keinen Fall mit der drohenden Verbannung in dörfliche Einöden, in die sonst kein Mensch will. Sie haben die freie Wahl, auch wenn Sie keine Eins im Examen vorweisen können. Ihr Wunschbundesland erwartet Sie mit einem großzügigen Begrüßungsgeld. Ihr Referendarsgehalt garantiert Ihnen einen angenehmen Lebensstil. Schluss mit rostenden Gebrauchtwagen und Billigcomputern aus dem nächsten Supermarkt!

Ihre Seminarleiter sind erfahrene Pädagogen, mögen Kinder und können Ihnen jederzeit beispielhafte Musterstunden vorführen. Sie dämpfen Ihren Idealismus nicht mit zynischen Bemerkungen (»Na, warten Sie erst mal ab, wie das im Alltag wird!«) und schicken Sie nicht psychisch in den Keller, um Sie anschließend wieder gönnerhaft aufzubauen. Ihr manchmal blindwütiger Elan wird gütig und weise in die richtigen Bahnen gelenkt.

Niemand erwartet, dass Sie sich bei Lehrproben verkleiden und zwanzig Seiten lange Stundenentwürfe abliefern. Ihre pädagogische Eignung wird nicht daran gemessen, wie viele verschiedene Medien Sie in einer einzigen Stunde zum Einsatz bringen. Nach dem zweiten Examen können Sie selbstverständlich an Ihrer Ausbildungsschule verbleiben. Aber es steht Ihnen auch jede andere bundesdeutsche Schule offen. Auf Wunsch mit Dienstwohnung!

Die Auswahl wird Ihnen schwerfallen. Ein Schulgebäude ist anheimelnder als das andere. Modernste Medien erleichtern Ihre tägliche Arbeit. In gepflegten Klassenräumen sitzen motivierte und wissensdurstige Schüler – nicht mehr als zwanzig an der Zahl! –, die Sie mit Ungeduld erwarten. Zu Ihrer Unterstützung stehen interessierte Eltern und Senior Partners bereit. Ihre Kollegen heißen Sie herzlich willkommen und freuen sich auf die gute Zusammenarbeit. Der Schulleiter, ein begnadeter Experte in moderner Menschenführung, prägt das herzliche Klima an seiner Anstalt. Jeder fühlt sich gerecht behandelt. Begriffe wie Mobbing oder Burnout sind gänzlich unbekannt.

Ihre Stellung im sozialen Gefüge Ihres Wohnortes ist von Anfang an beträchtlich. Welcher Beruf ist schon so angesehen und geschätzt wie der des Lehrers? Ihre Aufstiegschancen sind mehr als erfreulich. Falls Sie – was schwer vorstellbar ist – einmal die Schule wechseln wollen, steht dem nichts im Weg. Ihr Dienstherr hält Ihnen stärkend den Rücken frei und schützt Sie vor jeglicher Unbill.

Kein Mensch käme auf die absurde Idee, gesellschaftliche Missstände Ihnen persönlich anzulasten. Politiker singen das Hohelied auf alle Lehrer! Die Bundeskanzlerin erinnert sich ergriffen an ihre eigene Schulzeit und an die unermüdlichen Pädagogen, die ihr den Weg zum Erfolg gewiesen haben. Aus gegebenem Anlass wird der »Tag des Lehrers« (wieder) eingeführt. Kinderhände reichen Ihnen Wiesensträuße, gerührte Mütter schmiegen sich an Sie, verlegene Väter drücken Ihnen dankbar die Hand. Journalisten schreiben ausgewogene und engagierte Artikel über den Schulalltag und wissen Ihren Einsatz vor Ort zu schätzen.

Was zögern Sie noch? Neue Lehrer braucht das Land! Schon mit der Immatrikulation erhalten Sie Ihre Verbeamtung. Sie müssen nur noch hier ankreuzen:

O Ja, ich möchte Lehrer/in werden! Sofort!

Findige Bildungsexperten haben einen Schnelltest entwickelt, mit dem Sie in wenigen Minuten Ihre Eignung als Lehrer feststellen können. Viel Erfolg!

Beantworten Sie bitte folgende Fragen ganz spontan:

1. Kennen Sie Bücher, in denen Kinder vorkommen?
   O Ja   O Nein

2. Ist jemand in Ihrem Umfeld Lehrer?
   O Ja   O Nein

3. Finden Sie Ihre/n Kultusminister/in charismatisch?
   O Ja   O Nein

4. Macht Ihr Dackel, was Sie wollen?
   O Ja   O Nein

5. Haben Sie mal ein Semester studiert oder es angedacht?
   O Ja   O Nein

6. Können Sie deutlich artikulieren und/oder in ganzen Sätzen sprechen?
   O Ja   O Nein

7. Fördern enge, überfüllte Räume ohne festen Arbeitsplatz Ihre Motivation?
   O Ja   O Nein

8. Schätzen Sie Herausforderungen und Unwägbarkeiten jedweder Art (z.B. jährlich sinkendes Gehalt im Ausgleich zu steigender Arbeitszeit)?
   O Ja   O Nein

9. Sind Sie resistent gegen schlechte Presse, Beschimpfungen und Diffamierungen von »fauler Sack« bis hin zu Nicht-Zitierbarem?
   O Ja   O Nein

10. Sind Sie gegebenenfalls bereit, sich als Ich-AG einzubringen oder auf Ein-Euro-Basis tätig zu werden?
    O Ja   O Nein

11. Freuen Sie sich auf Tinnitus und Burnout-Syndrom?
    O Ja   O Nein

12. Sind Sie unter 60?
    O Ja   O Nein

13. Haben Sie diesen Test selbstständig und ohne fremde Hilfe ausgefüllt?
    O Ja   O Nein

Wenn Sie mindestens drei dieser Fragen mit Ja beantwortet haben, melden Sie sich bitte umgehend bei der zuständigen Schulbehörde Ihres Bundeslandes.

Wir freuen uns auf Sie!

Lehrercasting

Meine Oma steht schon abfahrbereit in der Tür, als ich im Seniorenheim ankomme. Eigentlich hatten wir uns für einen Zoobesuch verabredet, aber meine Oma möchte lieber zum Lehrercasting. Sie und der nette alte Herr aus der Nachbarzelle, der früher mal Lateinlehrer war. Sie haben einen Werbezettel vom Senat in der Hand, auf dem in Großbuchstaben steht: »Senioren, wir brauchen euch!«

Meine Oma zeigt mir stolz ihre alte Aktentasche: »Vierzig Jahre lang hat die gehalten, die schafft auch noch weitere zehn Jahre. Deutsche Wertarbeit! Nicht so ein Plastikmist, wie du ihn benutzt.« Sie möchte ihre Bakelit-Frühstücksdose zurück, die sie mir bei ihrer Pensionierung geschenkt hat. Wie soll ich ihr klarmachen, dass ich die längst entsorgt habe?

Im Auto sagt ihr Zellennachbar lateinische Vokabeln auf. Er dekliniert Wörter wie Schüler, Respekt und Gehorsam und übt Ordnungszahlen. »In Berlin gibt es keine Quinta, wir haben sechs Grundschuljahre«, murmle ich. »Macht nichts, das führen wir wieder ein«, sagt der alte Herr vergnügt und fragt zum dritten Mal, wo wir eigentlich hinfahren.

Meine Oma war früher Sport- und Biologielehrerin. Sie macht noch täglich Gymnastik und bestimmt auf dem Friedhof gegenüber Pflanzen und Vögel. Sie hat begeistert »Das Lob der Disziplin« gelesen und ist der festen Überzeugung, dass der heutigen Jugend verschärfte taktile Reize fehlen. Berührungsängste vor den heutigen Schülern hat sie keine: »In allen anderen Kulturen hat man Achtung vor Altersweisheit!« Meine Oma hat nach dem Krieg an einer Dorfschule siebzig Schüler in sechs Klassenstufen gleichzeitig gebändigt. Diese Jahrgangsmischung sei doch wieder hochaktuell, erklärt sie.

Ich schweige verwirrt. Es ist nicht richtig, ältere Leute so zu veralbern. Aber auf dem Werbezettel steht tatsächlich als Absender der Schulsenator.

Wir kommen im Schillertheater an, das fürs Lehrercasting gebucht worden ist. Meine Oma und ihr Begleiter bekommen Teilnehmernummern auf den Rücken geklebt. Der Zuschauersaal ist gut gefüllt. Meine Oma ist ganz aufgeregt. Sie wollte immer schon mal auf einer Bühne stehen. Sie hat für den Anlass extra ihr steingraues Jerseykostüm angezogen.

Zunächst müssen alle Kandidaten durch einen Seh- und Hörtest. Der alte Lateinlehrer fantasiert dabei munter vor sich hin. Trotzdem bekommt er die Zugangserlaubnis. Danach wird der Blutdruck gemessen. Meine Oma unterhält sich mit einer Frau um die fünfzig, die ihr Zittern kaum unter Kontrolle halten kann. Geplatzte Äderchen im Gesicht und eine ungesunde Nasenfärbung lassen auf Drogenmissbrauch schließen. Die Frau schafft den nächsten Test nicht: Auf dem Weg zur Bühne muss man zehn Meter auf einer weißen Linie geradeaus laufen.

Die Jury besteht aus Dieter Bohlen, Dieter Lenzen und Dieter Hallervorden. In der ersten Reihe sitzen einige Schulleiter und Schulleiterinnen, die gleich Zugriff auf geeignete Kandidaten haben wollen. Als der alte Lateinlehrer auf der Bühne drei Minuten lang auf einem Bein stehen muss, ranzt ihn Dieter Bohlen an: »Steh doch mal grade, Alfred!«

Danach wird Alfreds Stimmvolumen gemessen. Er muss ein obskures Dienstschreiben fehlerfrei vorlesen und mit drei Sätzen zusammenfassen, während wir im Saal dabei schwatzen und brabbeln sollen. »Murmelphase« heißt das übrigens in der modernen Pädagogik. Die Jury fällt ein vernichtendes Urteil. Alfred hat nur die ersten zehn Reihen beschallen können und verlässt mit Tränen in den Augen die Bühne. Junge

Helfer stützen ihn. Er tut mir leid. Muss man so mit alten Lehrern umgehen?

Eine Stunde später »performt« meine Oma. Sie soll ein Wertebekenntnis ablegen und dazu Stellung beziehen, ob sie ideologisch im Geiste der Achtundsechziger aktiv war. Man führt sie aufs Glatteis, indem man ihr Songs aus dem Grips-Theater vorspielt. »Kennen Sie eins dieser Lieder?« Meine Oma weist auf ihre langjährige FDP-Mitgliedschaft hin und leugnet jeglichen Besuch des Grips-Theaters. Was die Frau lügen kann! Als ich ein Kind war, ist sie mit mir in jedes dieser Stücke gegangen, in denen Autoritäten und anale Tugenden massiv infrage gestellt wurden. Hier auf der Bühne zitiert sie Passagen aus dem »Lob der Disziplin« und begeistert damit Jury und Publikum.

Das Casting dauert bis zum frühen Abend. Alle Kandidaten müssen so lange warten. Das haben sie vorher unterschrieben. Ich bleibe auch, obwohl daheim neunzig Klausuren warten, und beobachte das absurde Spiel. Die Jury ist gnadenlos in ihrem Urteil, und es scheint nur wenige geeignete Kandidaten zu geben. Von einer Seniorin verlangt man einen Kopfstand, eine andere muss »Die Glocke« aufsagen, eine dritte im Kopf dreistellige Zahlen multiplizieren.

Gegen neunzehn Uhr erscheint der Schulsenator mit einigen Staatssekretären und Schulräten. Sie bringen Ernennungsurkunden und Marschbefehle in einzelne Schulen. Die Kandidaten warten gespannt, wer höhnisch heimgeschickt und wer auserwählt wird. Meine Oma kommt an meine Anstalt. Dort wird eine Mathe- und Chemiefachkraft gesucht.

»Aber Oma, du warst doch Sportlehrerin?«

»Egal, Deutschland braucht mich. Ich komme!«

Das alles habe ich zum Glück nur geträumt. Oder etwa nicht?

Frauen und Technik

Ich brauche mich nur zu den Knöpfen eines DVD-Players oder Beamers hinunterzubeugen, schon ertönt eine Stimme aus der Klasse: »Frauen und Technik!« Mit einem leicht abfälligen Ton. Wenig später steht ein Junge neben mir und nimmt mir die Fernbedienung aus der Hand. Blitzschnell hat er den Videokanal am Fernseher verstellt, und kein Mensch findet ihn je wieder. Der Schüler drückt blindlings sämtliche Tasten, und ich ärgere mich, dass ich ihn an die Technik gelassen habe. Den Film über amerikanisches Schulelend können wir heute leider nicht ansehen.

Ja, als Frau bin ich einfach ein technischer Minderleister. Es ist genetisch vorherbestimmt, dass ich nicht mal einen simplen Kassettenrekorder bedienen kann. Jeder Wackelkontakt, jedes defekte Gerät ist meine Schuld. Ich habe keine Ahnung und glaube dennoch, einen CD-Player bedienen zu können: Kein Ton ist zu hören. Sofort drängen mich drei Schüler beiseite und bemächtigen sich des Geräts. Eine CD abzuspielen ist eigentlich eine banale Amtshandlung und wird selbst von Frauen bewältigt. Allerdings haben wir in der Schule acht verschiedene Gerätetypen, und manchmal muss man erst nachsehen, wie sie bedient werden. Meine männlichen Schüler nicht. Die drehen sofort an allen Knöpfen rum und stellen nach einer Weile fest, dass die CD defekt ist. Glücklicherweise habe ich die nicht gebrannt, sondern Mark-Kevin.

Im Computerraum halte ich mich auch zurück. In allen Zeitungen steht ja, dass Jugendliche ihre Lehrer und Eltern technisch längst überholt haben. Bescheiden gehe ich durch die Reihen und sehe zu, wie gewandt meine lieben Kleinen recherchieren und schreiben. Wir brauchen die Texte dringend für die Schulzeitung. Besorgt frage ich nach: »Hast du deinen Text zwischengespeichert?« Denn Schulcomputer stürzen gern mal ab. Meine Schüler nicken gequält. Sie denken insgeheim: Die Frau hat mit Mühe den Computerraum in Betrieb gesetzt, und jetzt will sie uns auch noch Anleitungen geben. Dass man die Computer nicht in Gang setzen kann, wenn der Kollege davor den entsprechenden Schlüssel verschleppt hat, halten die Schüler für eine Ausrede.

Ich verteile Sticks und altmodische Disketten, damit kein Schülertext in den virtuellen Weiten verschwindet. Souverän klicken meine Schüler auf dem Bildschirm herum, ich sammle meine Speichermedien wieder ein und stelle daheim fest, dass auf der Hälfte gar nichts drauf ist. Anderntags sind die Schüler empört. Natürlich könnten sie Texte abspeichern. Da hätte ich wohl wieder was falsch gemacht. Ich schaue betreten. Frauen und Technik. Ich weiß.

In der nächsten Stunde sehe ich trotzdem mal genau zu, wie Sven speichert. Er klickt das entsprechende Icon an. Er schließt seine Datei. Fertig. »Wo ist denn nun dein Text?«, frage ich. Sven zuckt die Schultern. Das weiß er leider auch nicht. Irgendwo im Computer halt. Genauso wenig weiß er, wie man Texte auf einem Stick speichert. Ich zeige es ihm dezent. Dabei verkneife ich mir anzügliche Bemerkungen über Männer und Technik. Auch das triumphierende Grinsen unterdrücke ich.

In Erdkunde sollen die Schüler einzelne Sachgebiete zu Japan vorbereiten. Dennis bedauert es sehr, aber er hat über Alltag und Wohnen in Japan nichts gefunden. Zwei Stunden lang hätte er im Internet gesucht! Der Arme. So viel Zeit sollte er ja gar nicht investieren. Die misstrauische Lehrerin (»Vertrauen ist gut, Kontrolle ist besser«) sucht daheim in ihrem Computer und findet über hunderttausend Links zum Thema und schon beim dritten brauchbare Informationen. Es ist übrigens erstaunlich, wie oft heimische Computer bei

Hausaufgaben und Referaten abstürzen, wie oft Internetzugänge defekt sind. Mir passiert das einmal im Jahr, manchen Schülern wöchentlich.

»Frauen und Technik« – das lässt sich noch wunderbar um das Sachgebiet Autofahren ergänzen. Wir kommen im Unterricht auf das Thema Frauenparkplätze, und meine Knaben sind der festen Meinung, dass das extra große Plätze in Parkhäusern seien, weil Frauen doch nicht einparken könnten. Schade, dass die Mädchen nur so selten widersprechen.

Wenn einem der Humor vergeht

Gina soll im Deutschunterricht gerade Heines Ballade »Belsazar« aufsagen. Da knackt und raschelt es im Schullautsprecher, man hört Gekicher und Musik. Eine Schülerstimme verkündet: »Der Unterricht muss heute leider ausfallen! Alle Schüler und Lehrer versammeln sich jetzt in der Aula!« Ich seufze innerlich: der jährliche Abiturstreich. Meine Siebtklässler sehen mich fragend an. Dürfen sie wirklich gehen? Oder geschieht ein Unheil, wenn sie es wagen, den Raum mitten im Unterricht zu verlassen?

Ich grinse. Manchmal müssen Jugendliche eben Entscheidungen treffen, von denen die Erwachsenen nicht begeistert sind, allerdings müssen sie dann auch mit den Konsequenzen leben. Die ersten zehn Schüler gehen zögerlich. Den anderen bleibt die schwere Entscheidung erspart, denn vier Oberstufenschüler erscheinen und nehmen mich gefangen. Ich muss rosa Bunny-Ohren aufsetzen. Zum Glück verzichten sie auf den Bunny-Puschel am Hintern.

Auf der Aulabühne sitzen bereits etliche Kollegen, mit Pappnasen und Teufelshörnchen dekoriert. Nicht alle sehen glücklich aus. Eine Lehrerin hält sich noch im Gebäude versteckt. Sie wird mehrfach über den Lautsprecher aufgerufen, aber sie kommt nicht. Da ich die Schulzeitung vertrete, kann ich in Ruhe Fotos machen und muss nicht auf die Bühne. Hoffentlich wird es wenigstens witzig.

Wasser spielt bei Schulstreichen eine zentrale Rolle. Kostet nichts, kann in jedem Stockwerk gezapft werden und macht keine Flecken. Mit Wasser gefüllte Luftballons (»Das sind doch Kondome, Frau Frydrych!«) fallen aus dem dritten

Stock auf die jüngeren Schüler. Sehr lustig. Plastikgewehre, die man mit Wasser füllen kann, haben einen kräftigen Strahl und eine große Treffsicherheit. Wenn die Flure unter Wasser stehen, muss die Direktorin die Schule wegen der Unfallgefahr schließen und die klatschnassen Schüler nach Hause schicken.

Toilettenpapier kommt ebenfalls gern zum Einsatz. Auch dieser Scherzartikel steht kostenlos auf den Schulklos zur Verfügung. Damit werden die Autos der Lehrer eingewickelt, daraus entstehen Girlanden und Parcoursbegrenzungen im Gebäude. Beliebt ist es außerdem, die Schultore mit Stapeln von Telefonbüchern, Tischen und Stühlen zu verbarrikadieren.

Manchmal gelingt es dem Schulleiter, gewisse Aktionen ein wenig umzulenken. Selbst Lehrern mit Humor vergeht der Spaß, wenn sie von einer Horde enthemmter Abiturienten einer Spritzkur mit Asti Spumante und einer anschließenden Mehlpanade unterzogen werden. Immerhin besser als demolierte Toiletten oder andere »bauliche Veränderungen« im Gebäude, womit sich früher manche Zehntklässler zum Abschied beschäftigt haben. Deshalb werden für sie die letzten Schultage sehr umsichtig geplant: letzte Aktivitäten und Feten nur noch außerhalb der Schule und eine vorgezogene Zeugnisausgabe.

So mancher schulgeschädigte Leser wird über dieses bunte Treiben grinsen, denn er gönnt es der Lehrerschaft von Herzen, dass sie mal ordentlich vorgeführt wird. Ganz sicher hätte er selber auch genug Humor, sollte der veritable Hundehaufen seinen Schreibtisch zieren, die Öllache auf seinem Stuhl warten oder der Blumentopf direkt neben ihm landen. Oder rennt er dann etwa wütend zum Mobbing-Beauftragten seines Betriebs? Besonders mutig ist es, wenn solche Aktionen gerade die sanfteren Kollegen treffen, die mit dem Unmut der Schüler gar nichts zu tun haben.

Was wird heute passieren? Müssen die Kollegen mit zusammengebundenen Beinen um die Wette hüpfen? Bekommen sie eine Wurst um die Taille gebunden, die durch obszöne Hüftbewegungen in ein Glas balanciert werden soll? Landen Käsesahnetorten in ihrem Gesicht? Müssen besonders Unsportliche Tabledance und Striptease imitieren – begleitet vom Gegröle der ganzen Aula: »Ausziehen, ausziehen!«? Sprudelt aus dem Schulbrunnen wieder tonnenweise Persilschaum? Werden die Türschlösser anschließend mit Sekundenkleber oder Kaugummis verstopft sein?

Der diesjährige Abiturjahrgang hat kreative Ideen und kann deshalb darauf verzichten, seine Lehrer öffentlich bloßzustellen. Die jüngeren Schüler im Zuschauerraum freuen sich über den Bonbonregen, der auf sie niedergeht. Die Lehrer auf der Bühne singen Karaoke zu (ihnen) völlig unbekannten Songs, spielen mit vollem Körpereinsatz die »Reise nach Jerusalem«, beantworten absurde Quizfragen und bekommen bei Versagen schwarze Punkte ins Gesicht gemalt. Es folgt eine Sportlektion, die sehr an Schwangerschaftsgymnastik erinnert. Alle Lehrer, auch die älteren, machen brav mit.

Als wir das Gebäude verlassen, sind alle Autoscheiben voller Rasierschaum. Die eifrig putzenden Kollegen werden fotografiert und gefilmt. Wahrscheinlich stehen sie schon heute Nachmittag auf der Website von »YouTube«. Ich sehe feixend zu. Manchmal weiß man aus gut unterrichteten Kreisen schon vorher, wann man sein Auto außer Reichweite parken und alte Klamotten anziehen sollte.

Noch einmal davongekommen. Aber in zwei Wochen wird ein großer Teil des zehnten Jahrgangs die Schule verlassen. Angeblich horten einige Komiker schon Toilettenpapier und leere Flaschen und sammeln Geld für Mehl und Sahnetorten.

Masochistische Duldungsstarre

Ein schlechtes Gewissen ist ein wunderbares Druckmittel. Es funktioniert seit Jahrhunderten im Kleinen wie im Großen, im Öffentlichen wie im Privaten, dämpft Lebensfreude und Übermut und motiviert zu mehr Anstrengung. Man muss nur kontinuierlich die Schuldgefühle der Betroffenen wachhalten und vertiefen, damit ihr Eifer nicht nachlässt – etwa durch vordergründige Zufriedenheit, vermeintliche Erfolgserlebnisse oder Ermüdungserscheinungen.

Als aufgeweckter Leser ahnen Sie schon, dass hier von Lehrern die Rede ist. Vielleicht haben Sie unlängst beim Proktologen in einer bekannten Frauenzeitschrift geblättert, in der eine Kolumnistin empört forderte: »Lehrer, macht endlich euren Job!« Drei Seiten lang listet sie alle gesellschaftlichen Problemfelder und Missstände auf, die ihr in ihrem gut honorierten Brainstorming so einfielen, um dann die Ursachen genüsslich den falsch ausgebildeten Pädagogen in die Schuhe zu schieben. Begeisterte Eltern antworten ihr. Verständlich. Was ist schöner, als unangenehme Arbeiten zu delegieren? Ich koche und putze schließlich auch nur widerwillig und überlasse diese Aufgaben gern meinem Partner. Der trägt schwer an seinen historischen Altlasten als Mann, und ich nutze jede Gelegenheit, sein schlechtes Gewissen noch zu schüren.

Kindliche Wartung und Sozialisation, die früher mal zum familiären Aufgabenbereich gehörten, wurden in den letzten Dekaden nahezu nahtlos der Schule übertragen. Sei es das telefonische Wecken und morgendliche Abholen bei Kindern mit Schuldistanz, ausreichende Flüssigkeitszufuhr während des Schultags, korrekte Mülltrennung im Klassenraum oder mitteleuropäische Umgangsformen wie »bitte« und »danke« sagen, jemanden grüßen, nicht ins Treppenhaus spucken oder die Mütter der Mitschüler aus sexuellen Verwünschungen heraushalten.

Lehrer sind zuständig für Grob- und Feinmotorik ihrer Schüler, für Körperhygiene und Empfängnisverhütung, für die Vernetzung der Hirnhälften und saisonal sinnvolle Bekleidung. Sie vermitteln Werte, die von der globalisierten Ich-Gesellschaft vergnügt abgelegt worden sind, und den richtigen Umgang mit Dispokrediten, Alcopops und Computern. Sie pflegen Streitkultur, Esskultur und Wohnkultur. Sie folgen dem Vorschlag einer gewitzten Berliner Abgeordneten und machen verstärkt Hausbesuche bei bildungsfernen Familien, um auch die Väter in demokratische Erziehungsversuche einzubinden. Sie schreiben ihren Schülern per E-Mail Memos, falls Hausaufgaben zu erledigen sind, und telefonieren abends zwei Stunden mit beratungsresistenten Erziehungsberechtigten.

Da bleibt oft wenig Raum für Prozentrechnung und Sprachförderung. Prompt klagt die Handwerkskammer über Schulabgänger, die nicht ausbildungsfähig sind. Was natürlich die Schuld der Lehrer ist. Also muss der Staat die Daumenschrauben noch enger drehen, damit das Personal spurt: die Lerngruppen vergrößern, die Arbeitszeit erhöhen, Humankapital und Gehalt kürzen. Egal, ob im Kindergarten oder in der Grundschule. Dem Bürger wird das dann als tiefgreifende »Bildungsreform« verkauft.

An einer Universitätsklinik sind Ärzte und Forscher jetzt auf ein ganz neues Krankheitsbild gestoßen: die »masochistische Duldungsstarre«. Die betroffenen Patienten, meist Lehrer und Erzieher, stehen unter erheblichem Druck, neigen zu Depressionen und Schuldgefühlen. Sie sind davon überzeugt, das Elend der Welt tragen und korrigieren zu müssen. Öffentliche Vorwürfe und immer neue Zumutungen nehmen sie still auf sich. Wie Sisyphos rollen sie unermüdlich Steine bergauf und haben ein schlechtes Gewissen, wenn der Felsen immer wieder ins Tal donnert. Nur vage ahnen sie, dass die ganzen Aufgaben von ihnen allein gar nicht gelöst werden können.

Die masochistische Duldungsstarre verhindert, dass sie einige Eltern vehement an ihre Erziehungspflichten erinnern: »Macht endlich euren Job!« Und dass sie von Politik, Wirtschaft und Spaßgesellschaft lautstark inhaltliche, materielle und personelle Unterstützung fordern. Aber das ist auch gut so. Denn wenn Lehrer und Erzieher massiv protestieren würden, dann müsste man in deutschen Landen ja vielleicht umdenken und wirklich grundlegende Änderungen vornehmen. So kann man die Lehrer mit ein paar »Lärmampeln« an Grundschulen abspeisen. Diese herausragenden Erfindungen schalten auf Rot, wenn die Frequenz für das gesunde Ohr zu hoch wird. Und sofort verstummen die lieben Kleinen. Glaubt der Schulsenator.

Immer nur das Eine

Woran denken Schülerinnen und Schüler Tag und Nacht? An die nordhumbrische Lautverdumpfung? An subglaziale Rinnen? An Osmose, Symbiose, Quintenzirkel oder Karl den Kahlen? Quatsch. An Sex natürlich! Ich vermute mal keck, dass es Erwachsenen genauso geht, aber sie wissen sich in ihren niederen Neigungen besser zu verstellen ...

Schüler beiderlei Geschlechts haben vor, während und nach der Pubertät nur noch monokausale Assoziationen und reagieren bei bestimmten Stimuli ganz unverblümt. Jeder Gegenstand, der länger als breit ist, lässt sie feixen und hochrot vor Freude unterm Tisch versinken. Hier hätte selbst Freud noch viel über Phallussymbole erfahren können!

Und wenn der erregende Begriff dann auch noch offen fällt! Zum Beispiel in Biologie: Die meisten Vierbeiner haben Schwänze! (Kicher, kicher.) Wie soll man diese mehr oder weniger buschige Fortsetzung der Wirbelsäule denn sonst nennen? In Deutsch lesen wir Goethes »Erlkönig«, das ist dieses unheimliche Fabelwesen, das mit »Kron' und Schweif« fieberkranke kleine Jungen verfolgt. »Was ist denn ein Schweif, Frau Frydrych?« Meiner etymologischen Erklärung folgt entzücktes Gelächter. Wer denkt sich in Sprachbüchern eigentlich die Überschriften aus? Ich werde mich hüten, jene Seite aufschlagen zu lassen, falls ich nicht zehn Minuten Zeit für dreißig Jugendliche übrig habe, die stöhnend zitieren: »Vom Satzglied zum Gliedsatz! Satzglied! Gliedsatz!« Arglos übersetzt der Englischlehrer den Schülern die neue Vokabel member: Mitglied. Mit Glied! Hi hi hi. Unverdächtige Zusam-

Schüler in der Pubertät haben nur noch monokausale Assoziationen ...

mensetzungen mit dem Wort »Vogel« können den Gang einer Unterrichtsstunde auch sehr behindern.

Kein Musikwissenschaftler hat die pädagogischen Folgen bedacht, als er die Instrumente kategorisierte. »Holzblasinstrumente! (Gacker, gacker!) Blechblasinstrumente! (Gacker, gacker!)« Ein Knabe, der im schulinternen Blasorchester spielt, ist darob so verschämt, dass er nur noch vom »Puste-Orchester« spricht.

Wenn man im Unterricht Tänze beibringt, müssen die Anweisungen kurz und knackig sein. Man hat keine Zeit, im Takt der Musik zu flöten: »Und nun machen wir einen Schritt zur Kreismitte und wieder einen heraus.« Also heißt es unüberlegt: »Rein und raus, rein und raus ...« Den Tanz können Sie vergessen. Überlegen Sie sich fürs nächste Mal unverfänglichere Kommandos!

Die Zahl Sechs hat in pubertierenden Klassen auch stets größere Heiterkeitsausbrüche zur Folge. Man muss die Zahl nur nennen, schon skandieren die Jugendlichen mit leuchtenden Augen: »Sssex, Sssex, Sssex!« Ich umgehe das folgende Wort gern, aber manchmal muss man in Deutsch einfach die »fiktive Literatur« erwähnen. Da kann man noch so sachlich auf Wortwurzeln im Mittelhochdeutschen, auf Ursprünge im Lateinischen hinweisen, die Fröhlichkeit – selbst in der Oberstufe – ist kaum zu bremsen: »Fick-tief! Ha ha ha!« Will ich in Grammatik Wörter konjugieren lassen, können Sie sicher sein, dass auch das Ferkelwort für »kopulieren« als Beispiel genannt wird. Da ich mittlerweile abgebrüht bin, habe ich beim zehnten Mal den Knaben nach vorn geholt und ihn das Verb durch alle Zeiten konjugieren lassen. Erst war er hochrot vor Verlegenheit und stammelte das Präsens herunter, aber spätestens beim Konjunktiv Irrealis hatte er sichtlich Freude: »Oh, hätte ich doch gef…!«

Manche Kollegen veranstalten vor den Ferien neckische Schreibspiele, nach dem Schema: »Onkel Karl sitzt pfeifend in der Badewanne«. Im Schutz der Anonymität erblühen dabei die schönsten Schweinereien. Die Personen dieser Spiele tauchen überdurchschnittlich häufig im Puff, im Bett und im Klo auf – es sei denn, diese Locations werden vom Spielleiter von vornherein ausgeschlossen. Dann treiben es die Betreffenden halt beim Psychiater oder im Springbrunnen. Kommen Verben im Spiel vor, sind es selten Wörter wie »singen, klingen, springen«. Ich verzichte hier auf Beispiele. Sie kennen selber genug zartfühlende Begriffe für die geschlechtliche Vereinigung.

Gern schreiben sich Schülerinnen und Schüler im Unterricht Briefe, die man kassieren und anschließend im Lehrerzimmer zum Vortrag bringen kann – falls man dabei keine roten Ohren bekommt und nicht allzu vornehme und sensible Kollegen hat. Wer wenig Umgang mit den Massenmedien pflegt, kann hier sprachlich und inhaltlich noch viel lernen!

Jede pubertierende Klasse hält sich in ihren Ideen für besonders originell, wenn sie dem männlichen Personal den Schreibtisch mit Tampons dekoriert oder dem weiblichen

Personal Präservative über die Türklinke stülpt. Wenn die Lehrer, abgestumpft durch jahrelangen Umgang mit Jugendlichen, diese anrüchigen Objekte stoisch entfernen, sind die Kinder enttäuscht. Hatten sie doch so auf verlegene und pikierte Reaktionen gehofft.

Ich habe die jugendlichen Künstler noch nicht erwähnt, die alle erreichbaren Flächen bemalen und beschriften. Nein, nicht mit Blümchen und Schmetterlingen. sondern mit Geschlechtsteilen in all ihren Varianten und Funktionen. Diese finden sich – im Stil naiver Höhlenmalerei – auf Arbeitsblättern, in Physik- und Liederbüchern, auf Tischen, Stühlen und auf Toilettenwänden.

Zum Glück dauert die Pubertät nur von der ersten bis zur dreizehnten Klasse!

Weihnachtslabsal

Manche Mitbürger monieren, dass es bereits im September Lebkuchen und Dominosteine zu kaufen gibt. Aber hohe Feiertage müssen nun mal gut vorbereitet werden. Hochzeiten plant man schließlich auch nicht erst drei Wochen vorher!

Seit dem Altweibersommer werden also in der Lehrerfortbildung Weihnachtstänze geübt. Dreißig meist weibliche Lehrkräfte schreiten mit und ohne Kerzen zu »Jingle Bells« und zum Lied vom Rentier mit der roten Säufernase auf und ab. Gleich danach werden hektisch die Tanzschritte notiert, damit man sie über Nacht nicht vergisst und am nächsten Tag den Schülern vermitteln kann. Die Weihnachtsfeier in der Schule kommt schneller, als man denkt.

Die Theatergruppe des neunten Jahrgangs übt bereits unermüdlich den Weihnachtssketch von Loriot, den mit der harmonischen Familie unterm Tannenbaum und dem niedlichen Atomkraftwerk. Viele Kollegen basteln mit ihren Klassen für den Weihnachtsbasar. Nur der Sozialkundelehrer, der böse Altachtundsechziger, weigert sich, diesen Konsumrummel mitzumachen. Das ist eine Ausrede. In Wirklichkeit ist er so ungeschickt, dass er sich schon beim Kofferraumöffnen die Finger verletzt.

Im Lehrerzimmer türmen sich Watteberge, seltsame Gebilde aus Goldfolie und selbst gefertigte Jutesäcke. Die Deutschfachleiterin stapelt auf ihrem Platz Adventslyrik und Weihnachtsprosa. Aus dem Musiksaal erklingen – wohlgemerkt, es ist September – besinnliche Weisen in Rock- und Pop-Fassung. Schüler bringen den »Little Drummer Boy« zu Gehör. Leider hatte ein Knabe die Idee, das Stück auf seiner Posaune zu begleiten. Er hat erst seit drei Monaten Unterricht. Ob man dem Musikkollegen davon abraten sollte? Seine Künstlerseele ist so empfindsam. Er wird es mit Sicherheit wieder falsch verstehen und monatelang nicht mehr grüßen.

Schon im Oktober übt der pensionierte Lateinlehrer für seinen alljährlichen Auftritt. Er wird am 6. Dezember mit Rauschebart und im alten roten Bademantel, der über dem Bauch ziemlich spannt, im Schultor stehen und den Kindern Schokoladenengel überreichen. Früher haben sie ihm nicht so aus der Hand gefressen. Er hätte es wie die eine Kollegin aus Cottbus machen sollen, zu deren pädagogischem Instrumentarium die Bonbonkiste gehört. Für jede gute Antwort dürfen die lieben Kleinen sich bedienen. Die Kollegin hat mal was von Pawlowschen Reflexen gehört. Speichelfluss = Lerneifer = Bonbon.

Vor den Feiertagen wird auch dem neuen, dynamischen Schulleiter ganz süßlich ums Herz. Er schreibt Dankesbriefe an seine Untergebenen und lobt wenigstens einmal im Jahr ihre Arbeit. Bittet um Verständnis für erlittenes Ungemach und künftige Mühsal. Aber auch zu Weihnachten kommt er nicht ohne kleine Seitenhiebe aus. Immerhin erwartet er nicht, dass er Trinkgeld bekommt, wie der Briefträger, der Hausmeister, der Zeitungszusteller, die Müllmänner. Die hängen einem hektographierte Glückwünsche in den Hausflur. Einer hat gleich seine Kontonummer mit angegeben. Ein Wochenende lang fülle ich Umschläge mit prägefrischen Geldscheinen. Klebe sie für den Postboten an den Briefkasten, an die Wohnungstür für den Zeitungszusteller und an die Mülltonnen für die Männer mit den orangefarbenen Schürzen, die in der Vorweihnachtszeit immer so nett grüßen.

Schade eigentlich, dass Lehrer kein Trinkgeld bekommen. Bei den zweihundertfünfzig Schülern, die ich unterrichte, könnte da ein nettes Sümmchen zusammenkommen, ein kleiner Ausgleich für das gestrichene Weihnachtsgeld. Meine Schülerin Sophia schenkt mir immerhin einen zerbrochenen

Lebkuchenmann aus ihrer aktuellen Backkollektion. Und Emma malt für mich ein weißes Reh mit einer Kerze auf dem Kopf. Das Ideelle zählt!

Bei allen Einkäufen gibt es jetzt nützliche Geschenke für den Stammkunden. Ich besitze bereits sieben Apothekenkalender, ein Stück Seife in Engelsform, einen Elch aus Hartmarzipan und jede Menge Früchtebrot und Stollen. Im Briefkasten finde ich nur noch Spendenaufrufe und Bettelbriefe, zum Beispiel von der Vereinigung zum Schutz des Kabeljaus, vom Beamtenhilfswerk – und dieses Jahr erstmalig auch vom Schulsenator, der Fortbildungen und Förderkurse finanziert haben möchte. Etliche Hilfsorganisationen haben bunte Adressaufkleber für mich produziert, um mich zum »Dukatenablegen« zu animieren.

In den Familien wird gestritten, wer in diesem Jahr die verbitterte Großtante betreuen und wer den Karpfen schlachten muss. Die Zeitungen geben Telefonnummern von Krisendiensten bekannt, falls das Weihnachtsfest nicht ganz so friedlich verlaufen sollte. Die Kollegen in der Schule tauschen Feinschmeckerrezepte aus und organisieren Besäufnisse, pardon, Weihnachtsfeiern. In ihren Springstunden rennen sie ins nächste Einkaufszentrum und suchen in den Sonderangeboten nach fehlenden Geschenken. Die Quittungen muss man sorgfältig aufheben, damit nach Weihnachten umgetauscht werden kann. Die armen Klassenlehrer haben das Vergnügen, mit ihren Schülern wilde Weihnachtsfeiern gestalten zu dürfen. Aus den Klassenzimmern dröhnen Rap und türkische Bauchtanzmusik. Die Schüler streiten sich um die vier schuleigenen CD-Player. Eine Kollegin bekommt von ihrer zehnten Klasse einen Tanga, der im Dunkeln leuchtet. Leider will sie ihn bei der Kollegiumsfeier nicht vorführen, obwohl wir sie inständig darum bitten.

Für ihre Graffitis im Schulgebäude benutzen unsere jungen Künstler jetzt goldene Eddings. Der Filmraum ist vor den Feiertagen ständig ausgebucht. Zu spät merkt die Deutschlehrerin, dass auf der DVD, die ihr die Schüler als stimmungs-vollen Weihnachtsbeitrag aufgedrängt haben, der Teufel auf die Erde kommt und einen Sohn zeugt. Gleich am ersten Schultag des neuen Jahres werden Eltern auf der Matte ste-hen, um sich zu beschweren.

Zum Basar und zur Weihnachtsfeier erscheinen nur wenige Mütter und Väter. Also kaufen die Lehrer notgedrungen all die schönen Dinge, die sie mit den Schülern vorher gebastelt haben. Heftig applaudieren wenigstens sie den kulturellen Darbietungen, damit die Kinder nicht enttäuscht sind.

Der Klassenlehrer beschließt, Koljas Tadel vor den Ferien nicht mehr rauszuschicken. Er will seinem Schüler das Fest nicht verderben.

Frohe Weihnacht überall!

Nie wieder Julklapp!

Warum sind Schüler so scharf auf Julklapp? Was ist daran so schön, ein Geschenk von jemandem zu bekommen, der einen vielleicht gar nicht leiden kann? »Julklapp« – oder auch »Wichteln« – ist der Knüller für jede Weihnachtsfeier. Alle schreiben ihren Namen auf einen Zettel, selbiger wandert in einen Hut (als ob irgendjemand noch Hüte tragen würde), und jeder zieht einen Zettel. Das gezogene »Opfer« muss dann ganz individuell und phantasievoll beschenkt werden. Das kann man auch wunderbar mit Erwachsenen spielen und dabei all den Kram abstoßen, der daheim sowieso nur herumsteht.

Vorher wird absolutes Stillschweigen über das Ergebnis des Losverfahrens vereinbart. Aber keiner in der Klasse fühlt sich an diese Vereinbarung gebunden. Innerhalb der nächsten großen Pause weiß jeder Bescheid, wer wen zu beschenken hat, und Entsetzensschreie hallen durch den Schulflur: »Iih, ich hab Solveig gezogen!« Flugs werden missliebige Zettel ausgetauscht. Zwei Jungen wenden sich verzweifelt ans Lehrpersonal: Was sollen sie um Himmels willen einem Mädchen schenken?

Vor dem Festakt werden geheimnisvolle Pakete aller Größenordnungen im Lehrerzimmer deponiert. Nach bösen Erfahrungen achtet die Lehrerin darauf, dass alle Namensschilder ganz fest kleben. Nicht noch einmal möchte sie erleben, dass am Ende der Veranstaltung ein paar vergrämte Kinder, einige anonyme Päckchen und eine Handvoll loser Aufkleber übrig sind.

Von der Klasse genötigt, nehmen auch die beiden Lehrer am Julklapp teil. Die schweigen eisern darüber, wen sie gezogen haben. Allerdings ist später ohnehin allen klar, von wem das »gute Jugendbuch« stammt. Die weise Pädagogin schummelt vor der Feier noch zwei, drei neutrale Reservepakete zur Deponie unter ihrem Schreibtisch, falls ein Schenker krank ausfällt. Natürlich würde sie das nie verraten, obwohl es schon bisweilen juckt zu sagen: »Schön, nicht? Das ist von mir!«, wenn ein Kind ganz begeistert vor seinem »Ersatzgeschenk« sitzt. Die Lehrerin hofft, dieses Mal kein schwüles Parfüm aus »Sabine's Schnäppchen-Shop« zu bekommen und auch keine Flasche warmen Erdbeersekt, den sie vielleicht noch öffentlich probieren muss.

Endlich ist es so weit. Die Kerzen leuchten, aus dem Rekorder tönt stimmungsvolle Hip-Hop-Musik. Chips und Cola sind alle, und »Äpfel, Nüsse, Mandelstern«, die der Klasse aus pädagogisch-kulturellen Gründen aufgezwungen wurden (»weil schließlich Weihnachten ist«), kleben unangerührt auf den Tellern. Die »Reise nach Jerusalem« und andere kurzweilige Spiele sind absolviert. Sogar eine Weihnachtsgeschichte wurde zu Gehör gebracht: Ein studentischer Weihnachtsmann wiegelt die Kinder des Hauses zu Renitenz und Widerstand gegen den Konsumterror auf. Ja ja, die Achtundsechziger, keine Autorität war ihnen heilig, nicht mal der Weihnachtsmann.

Endlich Bescherung! Dreizehn Kinder halten ergriffen genau die gleiche Gangsta-Rap-CD in Händen, die gerade die Charts anführt. Sven-Jascha blättert missmutig im »guten Jugendbuch«. Che-Savannah erfreut sich am lieblos eingepackten Briefpapier. Özlem und Nilgün, die beiden Busenfreundinnen, strahlen. Sie haben ihre »Loszettel« vor der Feier so lange getauscht, bis sie sich wechselseitig ihre Wunschgeschenke überreichen konnten. Der Klassenlehrer sitzt etwas ratlos vor einem nicht billigen Sweatshirt, einem flauschigen Badelaken und einer Flasche Markenrasierwasser. Das übersteigt ganz heftig die vereinbarte Preisgrenze und auch die Beamten-Geschenkeverordnung.

Nach der Feier muss er diese milden Gaben diskret und sehr einfühlsam dem Mädchen zurückgeben, das ihn jetzt so erwartungsvoll beobachtet. Die blonde Klassenlehrerin hat ein Buch mit uralten Blondinenwitzen bekommen. Nie wieder Julklapp! Warum kauft sich stattdessen nicht jeder selber etwas Nettes zu Weihnachten?

Das Märchen vom Reformschub

Der Wahlkampf tobt. Da kann man noch mal so richtig auf PISA, jugendlicher Gewaltbereitschaft und auf den überraschenden Integrationsproblemen herumreiten, bevor alles mangels »intelligenter Lösungen« für komplexe gesellschaftliche Missstände wieder aus der Tagespolitik verschwindet. Während sich die Kultusminister um das dreigliedrige Schulsystem und um Privatuniversitäten streiten, geht es an deutschen Schulen weiter wie bisher: In überfüllten Klassen kämpfen ergraute Lehrer unverdrossen um Schüleraufmerksamkeit, um fehlende Möbel und um ein wenig gesellschaftliche Anerkennung.

Kein Land in Sicht.

Denn Bildung und Erziehung kosten Geld. Das ist aber nicht da. Zumindest nicht für Kindergärten, Schulen und Universitäten. Trotzdem diskutieren Politiker beherzt über fundamentale Reformen im Bildungswesen. Ihre Denkschriften, Diskussionsbeiträge, Evaluationen und pädagogischen Buchreihen füllen die Bibliotheken der Nation. Folgte man ihren Vorschlägen, würde das deutsche Bildungswesen in nie gekanntem Glanz erstrahlen. Doch davor steht die Phalanx der Finanzminister. Und die verkünden gebetsmühlenartig in seltener Einmütigkeit: »Reformen haben kostenneutral zu sein.« Eine schöne Umschreibung für: »Geld gibt's nicht.«

Von immenser Bedeutung soll bereits die Vorschulerziehung sein. Also vergrößern wir in einem Bundesland mal eben die Kindergartengruppen von sechzehn auf zweiundzwanzig Schreihälse. Zwar wird parallel dazu die unzureichende Ausbildung der Erzieherinnen beklagt, aber ob sie nun sechzehn oder zweiundzwanzig Kinder nicht entsprechend fördern, macht keinen Unterschied.

Folgt man den Experten, spielt der Grundschulbereich eine zentrale Rolle in der kindlichen Entwicklung. Deshalb ziehen wir dort bei Bedarf qualifizierte Fachkräfte ab und versetzen sie zwangsweise an Oberschulen mit Lehrermangel. Das funktioniert auch umgekehrt: Wenn es an Grundschulen Engpässe gibt, schicken wir Biologie- und Englischlehrer, die kurz vor der Pensionierung stehen und seit Jahrzehnten nur den Umgang mit Sechzehnjährigen gewöhnt sind, in die zweite Klasse. Kleine Kinder sind anpassungsfähig. Sie werden schon darüber hinwegkommen, dass ihre Klassenlehrerin jetzt an einer höherwertigen Anstalt unterrichten darf und dass ihr »neuer« Biolehrer gewisse Probleme hat, sich auf Grundschüler einzustellen und sie in Musik zu unterrichten. Ein Beamter muss seiner Dienstpflicht überall und in jeder Form nachkommen!

Eine kostengünstige Reform ist es auch, alle Grundschüler im Alter von fünf bis acht Jahren in einer »flexiblen Eingangsphase« zusammenzufassen. Hier lernen die Jüngeren von den Älteren. Natürlich nur sinnvolle und förderliche Dinge. Sonderschulen werden einfach aufgelöst. Sie sind angeblich zu kostspielig. Die Lehrer sind von den massierten Problemen überfordert. Sie sind halt »wehleidig und klagen auf hohem Niveau«. In Berlin landen seit dieser genialen Reform immer mehr verhaltensgestörte Kinder in der Psychiatrie. Dabei bräuchten die Lehrer nur eine »andere Haltung«, um mit allen Schülern adäquat umgehen zu können. Sagt ein berühmter Professor, und der muss es schließlich wissen.

Für Kinder in Problembezirken gibt es eine Wochenstunde mehr Deutschunterricht und schicke Lerntagebücher. Das schafft alle sozialen und sprachlichen Probleme im Handumdrehen aus der Welt. Im nächsten Schuljahr fehlen an allen Ecken und Enden Lehrer. Woran liegt das bloß? Hat da niemand langfristig geplant? Aber bis zum neuen Schuljahr haben die Bürger die vollmundigen Wahlparolen ohnehin vergessen. Vereinzelt pfuschen kritische Journalisten oder Elternvertreter ins politische Handwerk und behaupten frech, Wahlversprechen würden nicht eingehalten. Glücklicherweise konzentriert sich aber der Großteil der Menschen auf Fußball und auf alle Arten von Ludern – und nicht auf Bildungspolitik.

Der wachsenden Gewaltbereitschaft und den fehlenden Wertvorstellungen in unserer Gesellschaft begegnen die Politiker mit dem neu geschaffenen Schulfach »Ethik«. Zwar gibt es dafür noch gar keine ausgebildeten Lehrer und auch kein richtiges Studium, aber da bieten wir schnell drei, vier Fortbildungsmodule für bereits vorhandene Lehrer an. Die Kosten dafür halten sich in Grenzen, und den Bürger befriedigt das neue Fach ungemein. Weiß er doch, dass nun endlich wieder Werte vermittelt werden, die von den Achtundsechzigern mit Füßen getreten wurden. Wo Eltern und Gesellschaft versagen, wird ein Fachlehrer, der gegen Globalisierung, Gewalt in den Medien und Neodarwinismus antritt, in diesen drei Wochenstunden einen enormen Einfluss entfalten.

Seit die Hauptschulen nicht mehr stillhalten, müssen die Politiker leider auch für diesen Elendsbereich Gedanken und Euros verschwenden. Das dreigliedrige Schulsystem wollen sie natürlich nicht infrage stellen. Zumindest nicht richtig. Wir legen mal eben die Haupt- und Realschulen zusammen und nennen das Produkt »Gemeinschaftsschule«. Wir setzen ein paar Schulpsychologen und Erzieher in »Problembezirke«. Dass die Arabisch oder Türkisch sprechen, ist schon Erfolgsgarantie genug. Dann lassen wir ein paar Hauptschüler in der Öffentlichkeit tanzen und singen, und schon haben wir den Wählern wieder Sand in die Augen gestreut, äh, Verzeihung, strukturelle Probleme nachhaltig beseitigt.

Klage wird geführt wegen des hohen Durchschnittalters der Lehrerschaft und der damit verbundenen Anfälligkeit für Wehwehchen aller Art. Plausibles Fazit: Den pädagogischen

Greisen wird die großzügige Altersermäßigung von einer Stunde gestrichen. Stattdessen könnte man ihre Lebensarbeitszeit ein wenig erhöhen. Warum soll sich eine teuer ausgebildete Lehrkraft nicht etwas länger rentieren und amortisieren? Auch mit fünfundsiebzig kann man das bisschen Unterricht noch mit links erledigen.

Die Lehrpläne sind überfrachtet, dennoch lernen deutsche Schüler nicht genug. Was liegt näher, als die Schulzeit bis zum Abitur um ein Jahr zu verkürzen? Die Lehrpläne bleiben erst mal so. Die können wir nicht ändern, denn wir haben ja den europäischen Referenzrahmen. Stattdessen gilt es, strukturelle Reformen durchzuführen, zum Beispiel Zentralabitur und Abschlussprüfungen in jeder Klasse. Das kostet nicht die Welt und beschwichtigt die aufgebrachten Wähler, die um die Zukunft ihrer Kinder bangen. Sie freuen sich, dass endlich etwas geschieht. Bei den nächsten Wahlen werden sie richtig abstimmen, und danach will ohnehin keiner mehr etwas von PISA hören.

Bildungspolitiker schon gar nicht. Da müsste ja blinder Aktionismus in prinzipielle Überlegungen umgewandelt und das deutsche Bildungssystem wirklich umgekrempelt, vielleicht sogar »nationale Eigenheiten« und Länderhoheiten infrage gestellt werden. Statt auf kurzweiligen Exkursionen ein wenig skandinavische und kanadische Gesamtschulluft zu schnuppern und sich neckisch in Talkshows zu profilieren, müsste man richtig Geld, Kraft und Arbeit investieren. Vielleicht müsste man sogar thematisieren, welche Zukunfts- und Lebenschancen den deutschen Schulabgängern überhaupt geboten werden. Das aber ginge weit über aktuelle Legislaturperioden hinaus. So ein Vorausdenken kann der Wähler von seinen Volksvertretern nun wirklich nicht verlangen!

Frischer Wind

Schulen riechen nach Moder, Angstschweiß und Turnschuhen. Unsere Schule aber nicht! Leichter Maiwind weht durch die Flure, es duftet nach Jasminblüten, sauberer Wäsche und Meer. Ausgeglichene Lehrer lustwandeln durch die Klassen, beugen sich hilfsbereit über freundliche Schüler, die in ihre Freiarbeit vertieft sind. Zufriedenheit und Lebensfreude umwehen den Besucher, wenn der das Schulgebäude betritt.

Wie das?

Wir haben drei junge Kollegen bekommen! Endlich haben frischer Wind und neuer Geist, Innovation und Tatkraft Einzug gehalten! Die Presse überschlägt sich: Die weibliche Neuerwerbung ist noch keine dreißig Jahre alt! Weil die vielen Journalisten im Schulgebäude doch eher störten, hat der Direktor eine Pressemappe herausgegeben, worin der detaillierte Lebenslauf der jungen Frau steht, ihre zwei Kinder und ihre pädagogischen Ideen vorgestellt und jede Menge Fotos angeboten werden.

Natürlich haben die drei Neuen nicht die miese klassische Lehrerausbildung absolviert. In den letzten Jahren wurde häufig zu Recht festgestellt, dass es an der Uni niemanden gibt, der Lehramtsstudenten lebensnah auf ihren Beruf vorbereiten könnte. Eine Praxisoffensive im Studium wurde von einem arroganten Professor mit der Begründung abgelehnt, man würde nicht deshalb zum guten Lehrer, nur weil man den »Schlendrian irgendeiner Praxis« möglichst frühzeitig erlebe. Geschickt verschleiern viele Hochschullehrer – gefangen in ihrer pädagogischen Parallelwelt –, dass sie selber keine Erfahrung mit heterogenen Lerngruppen, Gewaltprävention und praktischer Psychologie haben. Woher auch? Wer an die Uni geht, möchte sich ja gerade nicht mit dem schnöden Alltag befassen.

Die Außenwirkung unserer Schule profitiert enorm von den jungen Kollegen. Bei den Neuanmeldungen standen die Eltern bis zur nächsten Straßenkreuzung Schlange. Denn zu der erfreulichen Verjüngung unseres Kollegiums kommt hinzu, dass die beiden anderen Jungkollegen Männer sind. Männer! Leitbilder und Idole für unsere Knaben! Und beide sind Sportlehrer! Sie klettern noch eigenhändig Seile hoch und rennen wie die Hasen. Da können die Greise im Kollegium nur schlucken.

Unsere jungen Kollegen sind Quereinsteiger. Anderen Lehrernachwuchs gibt es kaum noch. Studieren mussten sie nicht. Die junge Frau war Animateurin in verschiedenen Ferienclubs und ist im Umgang mit anspruchsvollen Kindern geübt. Der eine Jungmann war Ausbilder bei der Bundeswehr und der andere Zobeljäger in Sibirien. Sie haben das neue Schnellläufer-Referendariat absolviert und sich sämtliche methodischen Tricks und Kniffe im Vorübergehen angeeignet. Der Inhalt wird sich später schon irgendwie finden. Diese Form des Referendariats wird von einer privaten Management- und-Coaching-Agentur angeboten, ist aber nicht ganz billig. Dafür nimmt die Zahl der innovativen Methoden stündlich zu. Ein besonderes Highlight ist der Kurs »Tägliches Messen und Wiegen im Schulalltag«.

Die Kinder laufen den neuen Kollegen ständig mit ihren Poesiealben und Fußbällen (»bitte, bitte, ein Autogramm!«) hinterher. Sie wollen alle in die neuen Arbeitsgemeinschaften: »Fallschirmspringen«, »Überlebenstraining mit natürlicher Ernährung« (Regenwürmer, Moos und Flechten), »Bühnen- und Talkshow-Präsentation«. Der ehemalige Bundeswehrmann hätte gern eine Waffensport-AG angeboten, aber das hat ihm die Schulrätin zu unserem Bedauern natürlich untersagt. Die macht es auch nicht mehr lange in ihrem Amt. Dann

Die jungen Kollegen klettern noch eigenständig Seile hoch, während die alten verkalkt und in Routine erstarrt sind.

werden wir weitersehen. Eine Warteliste für den Kampfkurs gibt es schon.

Morgens, vor Unterrichtsbeginn, streichen verdächtig viele Lehrer um den Schulkopierer herum. Manchmal vergisst einer der Neuen dort ein Arbeitsblatt oder händigt es großzügig einem gierigen Altkollegen aus. »Was? Du hast keine Erfahrung mit Mind-Mapping?« Fast streicht der junge Mann dem Fachleiter mitleidig über die Glatze. Er kann es nicht glauben, dass manch seniler Uraltkollege noch mit einem Lehrbuch arbeitet.

Unser Schulleiter hat im Eingangsbereich eine große Glaskabine mit einem Podest aufstellen lassen, mit Schreibtisch, Computer und Sessel. Auf dem Podest muss sich jeder der Neulinge eine vorgeschriebene Zeit ausstellen lassen. Eltern und Schüler stehen in dicken Trauben davor. »Sieh mal, ein junger Lehrer. Ob der überhaupt echt ist? Doch, der bewegt sich ja!«

Dafür müssen die neuen Kollegen alle nur acht Stunden pro Monat unterrichten. Man will sie nicht gleich so verheizen. Zehn Stunden muss jeder von ihnen mit uns Supervision und Teamteaching machen. Die Neuen gehen mit besonders starrsinnigen Alten in die Klassen und führen vor, was zeitgemäßer Unterricht ist: »Freies Lernen für freie Kinder!«

Menschen über vierzig haben bekanntlich keine Ideen mehr. Die über Fünfzigjährigen kann man ohnehin vergessen. Wir sind alle in Routine erstarrt und benutzen immer noch dieselben ausgelutschten und verblichenen Arbeitsblätter aus der Kaiserzeit. Keiner von uns hat jemals eine Fachzeitschrift oder einen Fortbildungskatalog angerührt. Seit unserer Verbeamtung haben wir jegliche geistige Tätigkeit eingestellt. Jeder pfuscht hinter fest verschlossenen Türen vor sich hin, und im Lehrerzimmer tauschen wir uns allenfalls über preisgünstiges Reisen und Tennisschläger aus. Aber doch nicht über Pädagogik! Wir wollen einfach nicht wahrhaben, dass sich die Schüler in den letzten hundert Jahren geändert haben und dass die Kompetenzvermittlung viel, viel wichtiger als irgendwelche Inhalte ist.

Was unsere jungen Kollegen vorführen, lässt uns in Ehrfurcht erstarren. Keine Stunde ohne Beamer, interaktive Tafel und laminierte Lernkärtchen. Sie haben uns auch die Keksdosenmethode beigebracht. Wie die geht? Wahrscheinlich schreiben Sie an Ihrer altmodischen Schule noch Diktate. Haben Sie eigentlich mal über das Wort »Diktat« nachgedacht? Modediktat, Herrschaftsdiktat? Diktat bedeutet: aufgezwungene, harte Verpflichtung, pfui!

Bei uns schreibt keiner Diktate! Die Schüler können sich frei entwickeln. Wir bieten ihnen bei Aufsätzen höchstens Schreibvarianten an. Wenn wir Rechtschreibung üben, arbeiten wir für jedes Kind einen eigenen Übungstext aus. Dafür haben wir ihre individuellen Rechtschreibprobleme gründlich analysiert. Jeder Text wird auf eine große Keksdose geklebt. Oben rein kommt ein Schlitz, das ist das Wichtigste. Das ganze Diktat wird in kleinen Teilsätzen von maximal vier bis fünf Wörtern auf einzelne Kärtchen geschrieben und laminiert. Wenn die Kinder sich einen Satz eingeprägt haben, werfen sie ihn in die Keksdose! Das ist ein unheimliches Erfolgserlebnis für die Schüler!

Erst haben wir Alten rumgemosert, wo denn im Lehrerzimmer die ganzen Keksdosen stehen und wie wir die Arbeit mit dem Laminieren schaffen sollten. Die erschütterten Blicke unserer jungen Kollegen ließen uns schnell beschämt verstummen. »Haben Sie denn noch nie etwas von Binnendifferenzierung gehört?«

Man kann im Lehrerzimmer vor Blechdosen zwar kaum noch auftreten, aber das Verzehren der zehntausend dänischen Butterkekse hat uns Kollegen viel enger zusammengeschweißt. Wenn wir mit unseren Dosen in den Deutschunterricht gehen, brauchen wir jetzt immer zwei Einkaufswagen.

Anfangs haben wir auf alles Innovative eher widerspenstig reagiert, und die Junglehrer hatten es ganz schön schwer, uns frischen Wind in die Ohren zu blasen. Mittlerweile schauen wir ihnen andächtig zu und jede Menge ab. Fröhliche Unbekümmertheit und ein riesiges Kreativitätspotenzial haben sich im Lehrerzimmer und in allen Klassenräumen aufgetan. Die Kompetenzen aller Beteiligten wachsen mit jeder Minute, wir Lehrer überbieten uns im Evaluieren und Setzen von Standards. Jeder Kollege hat sein eigenes Schulprogramm erarbeitet. Unsere Mathe-Ergebnisse haben sich um fünfhundert Prozent gesteigert! Moder und Angstschweiß sind verschwunden. Einmal in der Woche führt die Schulrätin ausländische Gäste durch unsere Hallen. Die junge Kollegin konnte letztens die Meute knipsender Japaner kaum abschütteln.

Was gäbe das für einen Ruck im Bildungswesen, wenn all die pädagogischen Senioren und Bremser endlich verschwänden! Und nicht nur dort. Stellen Sie sich junge, dynamische Menschen in der Politik vor: Kaum den Windeln entwachsen, regieren sie souverän unsere Republik. Denen würden Sie doch viel eher Ihr Vertrauen schenken als diesen ganzen alten Säcken. Gehen Sie in der Gemeinschaftspraxis nicht auch viel lieber zu dem Frischling aus dem Pathologieseminar? Was kann Ihnen Ihr verkalkter Hausarzt schon an Kompetenz und Wissen bieten? Der junge Zahnarzt bohrt viel schwungvoller und unbekümmerter als sein faltiger Chef.

Selbst beim Friseur suche ich mir immer die Lehrlinge aus, die haben wenigstens kreative Ideen. Lieber eine kahle Stelle am Kopf als diesen altmodischen Meisterhaarschnitt! Hätten sich die deutschen Frauen anständig vermehrt, könnten sich überall junge Kräfte tummeln. So sind leider noch viel zu viele Schüler vom Fortschritt abgeschnitten. Junge Lehrer braucht das Land. Sofort! Dann klappt es auch mit PISA.

»Jawohl, Euer Ehren!«

Eine Zeitung hat mich gebeten, etwas über Gerichtsshows zu schreiben. Was für eine Schnapsidee! Soll ich meine karge Freizeit damit verbringen, schon nachmittags fernzusehen – und dann auch noch so was?

Am nächsten Tag befrage ich erst mal meine Schüler zum Thema. Sie spielen mir sofort und mit viel Freude Szenen aus diesen Fernsehshows vor: »Ich war das nicht, die Schlampe da drüben hat es getan!« Innerhalb von Sekundenbruchteilen sind wir bei Dschungel- und Ekelshows gelandet, in denen abgehalfterte B-Prominente als Rohfutter Heuschrecken und Tierhoden verzehren. Nur mühsam kann ich meine Schüler wieder zurück zur Ringparabel zwingen.

Nachmittags finde ich im Fernsehprogramm auf Anhieb sechs Gerichtssitzungen. Ich wusste gar nicht, dass die meisten Talkshows ihren Platz irgendwelchen Richtern, Psychologen und Gynäkologen geräumt haben. Ich zappe eine Weile hin und her. Faszinierend! Auch wenn ich nur eine Minute der jeweiligen Sitzung mitbekomme, weiß ich sofort, worum es geht. Manchmal laufen auf arte Filme, da weiß ich das nach anderthalb Stunden noch nicht.

Was soll ich sagen? Seither sehe ich jeden Nachmittag Gerichtsshows. Und wenn in der Schule eine lästige Konferenz dazwischenkommt, lösen meine beiden Videorekorder das Problem. Ich kann nicht mehr ohne diese omnipotenten Richter leben! Ich brauche meine tägliche Portion zwingende Autorität und überwältigende Menschenkenntnis!

Als ich vier Jahre lang Schöffin war, präsentierte sich das Gericht allerdings selten so aufregend. Ich saß zwar mal einer rasanten jungen Richterin mit langen roten Krallen, wilder Lockenmähne und Minirock bei – aber die Verfahren waren in der Regel trocken und langweilig. Nie haben sich Zeugen und Angeklagte ordinär beschimpft. Nie outeten sich die wirklichen Täter ganz verblüffend im Zuschauerraum oder unter den Zeugen. Die Sitzungen dauerten Stunden und nicht überschaubare fünfzehn Minuten mit Werbepause. Oft endeten sie unbefriedigend, weil der sichtlich vergnügte Täter freigesprochen werden musste. Es ging auch nie um wirklich interessante Dinge.

Im Fernsehen schießt der pubertäre Sohn dem mütterlichen Liebhaber ins Bein. Die schizophrene Zeugin schreibt sich selber übelste Drohbriefe und bezichtigt eine harmlose Hausfrau. Ein leidenschaftliches Pärchen findet sich auf einmal heimlich gefilmt und auf einschlägigen Internetseiten wieder (Verstoß gegen das Kunsturheberrecht!). Erdkundeprofessoren treiben es mit ihren Studentinnen und werden dafür die Treppe hinuntergeworfen. Rothaarige Punkerinnen knacken Vatis Safe und beschuldigen arme Werktätige der Tat. Die vorgeladenen Damen zeigen ausladende Brüstungen, einen gepiercten Bauch und enge Lackstiefel. Egal, ob sie Schülerinnen, Verkäuferinnen oder Gewerbsmäßige sind. Wenn sie ausnahmsweise mal unattraktiv sind, haben sie dicke Brillen und ordentlich Eiterpickel im Gesicht, damit auch der letzte Zuschauer begreift, welche Rolle sie im Spiel »Hässliches Entlein rächt sich durch Rattengift« übernehmen.

Was haben sich meine Oberschüler früher gelangweilt, wenn ich sie ins Gericht geschleppt habe. Dabei war Strafrecht immer das einzige Thema, das sie wirklich interessierte! Aber bei unseren Gerichtsterminen standen nie Mörder und Totschläger auf dem Programm, sondern säumige Alimentezahler, besoffene Autofahrer und Kaufhausdiebe. Oft genug fielen die Sitzungen aus, weil irgendein Vorgeladener einfach nicht erschien. Wenn wir dann durchs Gerichtsgebäude hetzten, um einen anderen geeigneten Prozess aufzuspüren, war der meist ermüdend und hatte außer ein paar nuschelnden Anwälten und schüchternen Angeklagten nur jede Menge Fachchinesisch zu bieten, das ich den Schülern hinterher ewig erklären musste. Vor allem frustrierte es sie regelmäßig, dass es keine Geschworenen gab.

Jetzt zeige ich im Unterricht einfach eine Gerichtsshow und kann den Kindern in kurzer Zeit wesentlich mehr vermitteln. Was uns dabei alle unglaublich befriedigt: Stets siegt das Gute. Das Böse wird immer ertappt, auch wenn es sich heimlich hinausschleichen will. Der weise Richter erkennt seine Schweine am Gang. Die Rechtsgelehrten können wie aus der Pistole geschossen ihre Plädoyers runterrasseln. Der Staatsanwalt ist erfrischend autoritär. Da wird nicht gepöbelt oder Kaugummi gekaut. Da wird ordentlich gesessen und in angemessenem Ton geantwortet! Das gefällt meinen Kindern außerordentlich. Wahrscheinlich vermissen sie es, dass ihnen mal jemand daheim oder in der Schule präzise und klar sagt, dass sie sich gefälligst benehmen sollen.

Am besten finde ich persönlich es, dass der Richter jederzeit Ordnungsgeld verhängen kann, wenn ihm jemand blöd kommt. Das praktiziere ich neuerdings mit Erfolg in meiner Klasse. Wer stört, quatscht oder mit unanständigen Ausdrücken um sich wirft, zahlt in die »Gerichtskasse«. Auch stehen die Kinder jetzt respektvoll auf, wenn ich in der Tür erscheine.

Sorry, gerade hat das »Familiengericht« begonnen. Muss aufhören! Bis zum nächsten Mal!

Zurück zur Natur

»Ach, das ist richtig schön für Ihre Kinder! Die Tiere, die Natur!«, seufzt der ältere Herr am Ziegengehege. Sein Blick weilt mit Rührung auf meiner siebten Klasse, die an diesem Wandertag genötigt wurde, ein Landgut mitten in der Großstadt aufzusuchen. Die Generation von Cyberspace und Internet soll sich Kühe und Schafe ansehen! Igitt, wie die schon riechen!

Im Museum des alten Gutshofes ging es so halbwegs. Da war die Luft noch rein und das Kuheuter nur aus Gummi, und man konnte versuchen, den schwarzen Latex-Zitzen einen Becher graues Wasser zu entlocken. Bei der Effektivität meiner melkenden Schüler würde die Kalziumversorgung in der Bundesrepublik allerdings zum Erliegen kommen.

»Was ist der Unterschied zwischen Bulle und Ochse?«, will der feingeistige alternative Landgutführer wissen. »Dem Ochsen hamse die Eier abgeschnitten!«, bricht es aus Max heraus, und der Referent schluckt ein wenig, bevor er bestätigend nickt. Auch die anderen Antworten, die meine Kleinen geben, lassen mich nach Fluchtwegen Ausschau halten. Welche Nutztiere gibt es auf Bauernhöfen? Ja, Kaninchen, Esel, Pferde, Schaf – alles richtig. Nein, Hamster eher weniger. Elche und Giraffen auch nicht. Was baut der Bauer an? – Bananen? Hanf? Glücklicherweise unterrichte ich Deutsch in dieser Klasse, und nicht Biologie. Trotzdem sieht mich der Referent strafend an.

Nach einem viel zu langen Vortrag über moderne Landwirtschaft geht's in den Pferdestall. Kein Ross weit und breit, nicht die Spur von Pferdeäpfeln, aber so ein ganz leiser Dunggeruch liegt in der Luft. Die ersten vier Kinder weigern sich verstört, den Stall zu betreten. Joshua wird spontan schlecht, er wechselt innerhalb von Sekunden zu käsig-grünlichem Teint und krümmt sich vor Ekel. Diesen Trick muss er mir unbedingt verraten, wenn wieder mal eine stinklangweilige Gesamtkonferenz dräut! Joshua darf vor dem schrecklichen Gebäude warten. Die anderen Schüler im Pferdestall leiden demonstrativ und müssen sich von der fiesen Lehrerin anhören, dass es in den Sportumkleideräumen nach Fußballspielen viel schlimmer stinkt.

Und nun der Hühnerstall. Der Bio-Landwirt stellt es so hin, als sei der Besuch eine Belohnung: Nur leise Kinder dürften in den Stall – und auch nicht alle auf einmal. Sofort bricht lautes Geplapper und Gelächter aus, die halbe Klasse muss draußen bleiben. Im Stall ist es extrem sauber, es riecht ein bisschen nach Trockenfutter. Aber die Kinder strömen hustend und würgend zum Ausgang, mit ihrem Schal als Atemschutz, weil es so widerlich müffelt. Die Autoabgase und Industrie-Emissionen in ihrem Innenstadtkiez sind viel angenehmer und gesünder!

Das alles weiß der nette ältere Herr am Ziegengehege nicht, als er mit Wohlwollen auf meine Schüler schaut, die sich gerade von all den ausgestandenen Schrecken erholen. Und dann liegt da ein riesiges Schwein auf der Wiese, das gibt den muslimischen Kindern den Rest. Obgleich der Landwirt lang und breit erklärt, dass Schweine eigentlich die saubersten Nutztiere seien, weil sie nicht in ihr eigenes Futter machen und schon gar nicht darin schlafen.

Zum Glück wissen die armen Kleinen nicht, dass sie zu allem Überfluss noch in den nahe gelegenen Wald wandern werden. Wir Lehrer ahnen allerdings auch nicht, dass sich in den lauen Lüften die ersten Libellen und Fliegen zum Sturzflug sammeln. Schreiend rennen meine zartbesaiteten Großstadtkinder ins Unterholz und verlangen, auf der Stelle nach Hause begleitet zu werden. Sogar Deutschunterricht würden sie lieber in Kauf nehmen als diese schwirrenden Ungeheuer. Mandy erzählt Schauergeschichten von kriminellen Wildschweinen, die harmlosen Wanderern auflauern. Ein Krähenschwarm im Baum lässt weiteres Ungemach ahnen. Die schwarzen Vögel sammeln sich wahrscheinlich gerade zum Großangriff.

Als sich die ersten Schülerinnen schmerzhaft in mir verkrallen, weil ein zwergwüchsiger Hund – herbeigelockt durch ihr Gekreische – an ihnen schnuppern will, gebe ich auf. Ich löse die verkrampften Kinderfinger von meiner Jacke und spreche tröstende Worte. Und dann nichts wie ab in die U-Bahn, rein in die dunklen Fahrschächte, zurück zu Asphalt und Beton, wo es nicht nach Huhn und Schwein riecht, niemand schnaubt und wiehert, sich keine Libellen am Hals festsaugen und kein Mörderkeiler im Gebüsch wartet.

Zeugnisse aus dem Computer

»Willst du deine Zeugnisse etwa mit der Hand schreiben?«
Der Informatikkollege ist fassungslos, als er mich im Sekretariat nach Formularen suchen sieht. »Es gibt doch ein fantastisches Computerprogramm! Damit kann man so viel machen!« Fehlzeiten und Verspätungen der Schüler als dreidimensionale Schaubilder darstellen. Die Klasse nach Sternzeichen, Schuhgrößen, Musiknoten und Gewicht sortieren. Zeugnisse schreiben kann man damit auch.

Das Programm kommt durchs Internet auf meinen Computer geflogen und ist leicht zu bedienen. Man kann spielend alle Schülerdaten eingeben, speichern und jederzeit zufrieden betrachten. Als ich drei Wochen vor dem Ernstfall ein Probezeugnis ausdrucken will, beginnen die Scherereien. Das Dienstsiegel und der Berliner Bär stehen auf dem Kopf. Will mein Computer damit auf politische Miseren aufmerksam machen? Drei Tage brauche ich, um den Zeugniskopf richtig herum zu stellen. Mein Drucker ist nämlich einfach zu neu. Man muss ein älteres Gerät installieren, dann macht der Berliner Bär keinen Kopfstand mehr. Gar kein Problem für eine Fachfrau ...

Beim nächsten Probedruck erscheint auf dem Zeugnis statt meiner Unterschrift der Name von Micky Maus. Vermutlich wird das meiner Schulleiterin missfallen. Ich wende mich an den Hersteller. Der schickt mir per E-Mail die korrekte Programmversion mit meinem Namen auf dem Zeugnisformular. Allerdings geht diese Version beim Herunterladen in meinem Computer verloren. Ich finde sie in keinem Verzeichnis und in keiner Datei. Die Schülerdaten, die ich bereits eingegeben habe, sind gleich mit verschwunden. Glücklicherweise habe ich vorher alles auf meinem Stick gespeichert: die Zensuren, meine stilistisch ausgefeilten Zeugnisköpfe und die versäumten Schulstunden.

Nur leider verweigert der Computer jegliche Mitarbeit, als diese Daten zurück auf die Festplatte sollen. Er speichert nichts, er will nichts anzeigen und schon gar nichts ausdrucken. Sieben Stunden lang probiere ich es immer wieder, dann wecke ich leise weinend meinen Partner. Der knurrt im Halbschlaf: »Hast du den Stecker drin? Ist Papier eingelegt?« Dann probiert er gähnend einige Tastenkombinationen. Nichts tut sich. Er löscht das eine oder andere Programm: »Das brauchst du sowieso nicht, das nimmt nur Platz weg.« Er verschwindet unter meinem Schreibtisch, wo er leise murmelnd Kabel sortiert. Er installiert alles neu. Aber auch der beherzte Einsatz meines Partners bleibt erfolglos.

Die Hotline einer bekannten Computerfirma unterhält uns längere Zeit mit beruhigender Musik. Endlich zwitschert eine Mitarbeiterin, sie seien leider, leider nicht zuständig. Ich solle mich an den Hersteller des Druckers wenden. Selbiger diagnostiziert aus der Ferne Virenbefall und verkauft mir ein entsprechendes Reparaturprogramm zum Downloaden. Trotzdem verkündet mein Computer weiterhin: »Schwerwiegender Systemfehler!«

Der Zeugnistermin rückt näher. Ein Freund und angeblicher Experte wird eingeladen und bewirtet. Er gibt genüsslich seine Feinschmeckererlebnisse aus der Toskana bekannt (»geeister Affenhintern im Dialog mit Wachtelbrüstchen«), bevor er ein paar nutzlose Computertipps verrät. Der besserwisserische Nachbar wird eingeschaltet. Mein achtjähriger Neffe wird konsultiert. Stundenlang ergehen sie sich in Vermutungen, Versuchen und technischen Verwicklungen. Aber nichts hilft. Ich habe in der letzten Woche vier Kilo abgenommen. Meine Schulleiterin spricht nicht mehr mit mir, weil ich ihr die Zeugnisse nicht pünktlich zur Unterschrift vorlege.

219

Drei Tage vor der Zeugnisausgabe komme ich aus der Schule heim und finde im Vorgarten meinen Drucker und meinen Rechner. Völlig zertrümmert. Mein Partner hat die mechanische Schreibmaschine aus dem Keller geholt. Daneben liegt die Kontaktadresse einer Selbsthilfegruppe für Computergeschädigte.

Ich schreibe die Zeugnisse mit der Hand. Das hatte ich sowieso von Anfang an vor.

Endlich Ferien!

Die letzte Schulwoche. Die Schüler quälen sich mit einer schwierigen Aufgabe ab, die ich sowieso nicht mehr korrigieren werde. Ich stelle derweil die Packliste für mein finnisches Ferienhaus zusammen. Seit PISA ist Finnland touristisch der Renner! Wir haben nur noch eine Nissenhütte mit Außenklo an der russischen Grenze anmieten können, alles andere war ausgebucht! Aber das wird ein preiswerter Alternativurlaub. Man kann ja nicht immer nur ins eigene Chalet im Wallis oder in die Toskana reisen. Das gesparte Geld werde ich in Tanker, Aktienfonds und Einkaufszentren investieren, wie es mir Werbebroschüren und Callcenter ständig vorschlagen.

Meinem Lebensabschnittsgefährten schicke ich per SMS die nötigen Handlungsanweisungen: Route ausarbeiten, Kartenwerk auf Aktualität überprüfen (er nimmt so gern Landkarten aus den Sechzigerjahren mit und wundert sich dann, dass die Ausweichstraße mitten im Wald aufhört), Kompass und Taschenlampen besorgen, Reiseapotheke zusammenstellen.

Leider stören mich die Schüler ständig mit ihren Zwischenfragen. Im Computerraum der Schule ersteigere ich im Internet noch schnell preisgünstige Gummistiefel, zwei Moskitonetze und einen Generator. Auch hierbei kann ich mich kaum konzentrieren, weil einige Schüler die literaturwissenschaftlichen Begriffe, die ich als Beschäftigungstherapie zusammengestellt habe, angeblich in keiner Suchmaschine finden. Die Zeit zwischen den Schulferien ist wirklich lästig!

Am letzten Tag verteile ich die Zeugnisse. Dank dieses genialen Computerprogramms, das ich mittlerweile problemlos beherrsche, habe ich damit nur noch wenig Arbeit. Die Zeugnisköpfe setze ich aus Versatzstücken zusammen, die Noten werden in Anlehnung an die Normalverteilungskurve ausgewürfelt, die Fehlzeiten schätze ich grob über den Daumen. Die Schüler küssen mir gerührt die Hände und überreichen mir die Geschenke ihrer Eltern: Einkaufsgutscheine, Parfüm, Champagner, Bestseller, ein Handy mit Kamera und eine Seidenbluse.

Nun können endlich die Ferien beginnen! Wobei sich eigentlich für mich nicht viel ändert. Morgens muss ich nicht ganz so früh aus den Pfühlen, aber ansonsten schwelge ich in Freizeit und Müßiggang wie sonst auch. Nicht nur Journalisten fragen sich, wozu Lehrer extra ausgewiesene Ferien brauchen. Nach den akribischen Berechnungen eines Kabarettisten, der damit beim Publikum Jubelstürme auslöst, »arbeiten« Lehrer ohnehin kaum acht Jahre ihres Lebens, wenn man die vergnüglichen Studienjahre, die lockere Ausbildungszeit, die endlosen Ferien, Wochenenden, Feiertage, die »Fortbildungen« auf Teneriffa, Faulkrankheiten und Frühpensionierungsjahre mitrechnet. Aber jammern tun die Pädagogen auf hohem Niveau.

»Lerne klagen, ohne zu leiden!«, sagt mein Nachbar immer, wenn er mir neue diffamierende Zeitungsberichte unter die Nase hält. Bestimmte journalistische und wissenschaftliche Spitzenkräfte schaffen es, in jeden Artikel über Schule und Lehrer ihre kindlichen Traumata oder ihre frustrierende Zeit als Elternvertreter einfließen zu lassen. Ich weiß, sie treibt die reine Missgunst auf mein schönes Leben. Aber warum mussten sie auch schlecht bezahlte Schreiberlinge oder einsame Uniprofessoren werden, anstatt wie ich und andere Lehrer ganz legal und hoch dotiert ihren sadistischen Neigungen im Klassenraum zu frönen?

Daheim schiebe ich erst mal die ganzen Bücher, Hefte und Amtsblätter unters Bett. Kein Mensch wird jemals wieder danach fragen. Ich blättere pro forma im Fortbildungskatalog, den der Schulleiter mir ins Fach gelegt hat. Über Teamfähigkeit (TEAM = Toll, Ein Anderer Macht's!), Lerntagebücher, Gestalttherapie im Physikunterricht und Schulrecht für Anfänger. Es gibt auch tolle Tipps für den Lehrer persönlich: Wie bastle ich mir Neidkarten und Angstpuppen? Was schreibe ich auf meine tägliche »Okay-Seite«?

Interessanter sind die Fortbildungen im Ausland, natürlich während der Schulzeit. Wann sonst? Diesmal gibt es einen reizvollen Tauchlehrgang am Roten Meer. Den kann ich für meinen Russischunterricht allerdings nur begrenzt verwenden. Aber vielleicht wird er doch genehmigt? Ich kaue am Bleistift und kritzle in den Antrag: »Die Symbolik des Meeres im russischen Roman der Gegenwart in ihrer besonderen Relevanz für den Unterricht in der Sekundarstufe II«. Zufrieden lege ich den Fortbildungskatalog zum restlichen Schulkram unters Bett.

In die Ferien nehme ich immer ein Schulbuch mit, ich lese es zwar nie, aber es hat so etwas Professionelles. Diesmal packe ich »Die verkopfte Schule« ein. Die Autorin hat eine ganz wunderbare Tanzfortbildung gemacht, und seither weiß sie, wie wichtig es ist, sich in der Schule mit seiner Gesamtpersönlichkeit einzubringen, besonders mit der Wirbelsäule, dem Zentralnervensystem und den Füßen, die fest auf dem Boden der Tatsachen stehen und sie im Leben vorwärts tragen.

Vor meiner Abreise darf ich auf keinen Fall vergessen, mir die neuen Winterkataloge zu besorgen. Bald sind Herbstferien. Man hat als Lehrer so wenig Zeit, seine vielen Reisen ordentlich zu planen. Aber wozu sind schließlich Vertretungsstunden da?